苏州职教口袋丛书

职校生好习惯养成30讲

赵益华 葛敏亚 主编

苏州大学出版社

图书在版编目(CIP)数据

职校生好习惯养成30讲／赵益华，葛敏亚主编. —
苏州：苏州大学出版社，2020.12（2024.11重印）
（苏州职教口袋丛书）
ISBN 978-7-5672-3385-0

Ⅰ.①职… Ⅱ.①赵… ②葛… Ⅲ.①素质教育－中等专业学校－教材 Ⅳ.①G711

中国版本图书馆CIP数据核字(2020)第213467号

书　　名：职校生好习惯养成30讲
Zhixiaosheng Hao Xiguan Yangcheng 30 Jiang
主　　编：赵益华　葛敏亚
责任编辑：李寿春
助理编辑：冯　云

出版发行：苏州大学出版社(Soochow University Press)
社　　址：苏州市十梓街1号　**邮编**：215006
印　　刷：苏州市越洋印刷有限公司
网　　址：www. sudapress. com
邮购热线：0512-67480030
销售热线：0512-67481020

开　　本：889 mm×1 194 mm　1/48　**印张**：5　**字数**：119千
版　　次：2020年12月第1版
印　　次：2024年11月第5次印刷
书　　号：ISBN 978-7-5672-3385-0
定　　价：33.00元

凡购本社图书发现印装错误，请与本社联系调换。
服务热线：0512-67481020
苏州大学出版社邮箱：sdcbs@suda.edu.cn

编写人员名单

顾　　问：项春雷
主　　编：赵益华　葛敏亚
副主编：孙　华　刘金桥
编　　委：胡　梅　徐　静
方　瑜　姚丽霞
顾　蕊　吴舟洲
李洪敏　景　波
花　艳

前 言

叶圣陶先生曾说：“什么是教育？简单一句话，就是要养成良好的习惯。”引导学生养成良好的习惯是教育的重要价值所在。中职生尚处于未成年人向成年人的过渡期、学生转变为职场人的适应期，以及养成良好的习惯的关键期，全书主要针对中职生这个特定群体比较欠缺的好习惯，以及他们即将走上职场所应具备的职业素养进行编写。

全书针对中职生所要养成的好习惯，设置了修炼目标、案例分享、名人名言、案例反思、自我对照修炼法、实践提升、经验分享七个环节。其中修炼目标是设定中职生要达到的好习惯养成标准；案例分享是展示名人故事、职场故事、中职生的故事等案例，既可以是成功的案例，也可以是失败的案例，不仅富有哲理性，也贴近中职生的生活，能引起他们的共鸣；名人名言是激发中职生的斗志，提升他们的道德修养；案例反思是针对案例所反映的好习惯养成的关键要素进行提问，给人以启迪与思考；自我对照修炼法是采用反问等形式，为中职生点明了多个养成该习惯需要注意的要点，使其能够对照训练；实践提升是给中职生提几点养成该习惯更高的要求，中职生对照这个要求执行，可以规范行为习惯；经验分享是让中职生把自己在修炼该习惯的过程中总结的独到经验和做法写下来，在班级中进行交流。

由于时间仓促及编者水平有限，书中难免存在不少缺点和不足，期望老师们和同学们对编写组多提宝贵意见，以便在今后的修订中进一步完善。

编写组

2020 年 5 月

目 录

第四篇　职业素养篇

第五篇　日常行为篇

第六篇　思想境界篇

第一篇 个人修养篇

1. 仪表端庄

修炼目标

（1）养成关注自己仪容仪表的好习惯，用端庄得体的仪表体现自己的内在气质。

（2）掌握修饰自己仪容仪表的方法，为走向职场做好准备。

案例分享

法国时装设计师香奈儿曾经说过：“当你穿得邋邋遢遢时，人们注意的是你的衣服；当你穿得无懈可击时，人们注意到的是你。”在不同的场合，大家对仪容仪表的要求是不一样的。作为学生，应当有学生的仪容仪表要求，我们在校期间也许由于经济条件的限制，不太可能买高档的服装；但其实一个人的气质和服装的高档与否关联不是很大。你的身上洋溢着青春的气息，脸上有得体的笑容，加上干净整洁的衣服，那就是最好的仪容仪表。有些学生平时不太注重自己的仪表，我们时常能在校园内看到有的男生留长发、染发，衣服上有油斑；有的女生穿着超短裙，化着浓妆，有的甚至穿着拖鞋上课，一看就给人留下非常糟糕的印象。

当我们踏入社会，仪容仪表就更重要了。西方有句谚语："你没有第二次机会给人留下第一印象。"每天我们都有机会接触到陌生人，这些人都有可能对我们的生活产生影响，所以给人留下好的第一印象是非常重要的。以貌取人固然不妥，但大家难免会这么想：一个连自己的仪容仪表都管理不好的人，又能指望他做出多大的成绩呢?

一个人的素质未必能通过仪容仪表来体现，但得体的仪容仪表在很大程度上反映了一个人的基本素养。你不可能仅凭得体的穿着就获得心仪的工作，但不得体的仪表会使你与心仪的工作擦肩而过。

所以，千万不要忽略了自己的仪容仪表，不要等到踏入社会才开始关注。从现在开始养成关注自己仪容仪表的好习惯，它会让你受益终身的。

得体的仪表是职场立足的基本要求

小林在一家大型企业里做白领，工作表现一向不错，领导对他赞赏有加。但他由于有脚气病，脚上时常会痒得难受，为此，他每日到办公室后，经常要脱去皮鞋，换上拖鞋来办公，他感觉换上了拖鞋会舒服很多。慢慢地，他就养成了穿拖鞋办公的习惯，无论是在自己办公室里走动，还是到其他办公室处理工作都穿着拖鞋，但他自己没有觉察到周围的同事都对他侧目而视，非常鄙视他这种在公司穿拖鞋的行为，认为他损害了公司的形象。

有一次，公司总经理来到他的办公室检查工作时发现：他穿着拖鞋走来走去，和自己交谈时也穿着拖鞋而浑然不觉有什么不妥之处。总经理忍不住问道："你在家里是不是经常穿着睡衣接待客人啊？"他很不解地看着总经理。总经理指着他的脚说："这是办公室，不是私人场所，请你以后不要穿拖鞋。"

事后，总经理在一次职工代表大会上，专门把此事作为一个案例来谈。每个人都代表着公司形象，他要求大家要注重仪容仪表，不能让客户感觉到这是一个没有纪律、管理松懈的公司，这有可能会给公司带来潜在的、难以估量的损失。

就这样，工作能力很强的小林由于自己在仪容仪表方面的一个小小的疏忽，让自己在公司的形象大打折扣，影响了自己的事业和前途，这是非常不值得的。

☞ **案例反思：**（1）为什么工作能力很强的小林在公司难以发展呢？

（2）当你步入职场后，你该在仪表方面注意哪些细节呢？

端庄的仪表是自信的表现

虽然仪容仪表是外表的一部分，但它和我们的心理世界及思想密切相关，不同的服饰装扮会给人不同的心理暗示。当小学生系上了红领巾、中学生佩戴上了团徽时，在他们的心里会油然而生一种责任感和自豪感；当我们穿上志愿服去参加志愿活动时，我们的爱心也会爆棚。但当我们穿着邋遢的时候，我们的内心也会悄悄滋长出自卑感。反之，当我们穿着整洁得体时，我们会觉得自己的腰板挺直了许多，自信心也会一下子增强许多。这就是仪容仪表的无穷魅力，时刻关注自身的仪容仪表，对自己充满信心，你的心情也将充满阳光，在学习、工作中你也会充满动力。

小徐是职业高中的一名学生，虽然他的个子不高，但他非常注重自己的仪容仪表。平时，他勤剪指甲、勤理发、勤洗澡、勤换衣服，穿着整洁，腰板挺直，待人和气，他的脸上始终挂着笑容，班级里的工作他总是抢着干，给人的印象都是非常阳光、帅气、干练的。有一次，市里要举行演讲比赛，在校内选拔时，他的表现并不出众，但他浑身上下透出一股自信的气质打动了评委，大家一致同意推荐他参加市里的比赛。在与很多普通高中的优秀选手同台的比赛中，小徐不负众望，获得了第一名。这件事对他的触动很大，他发现了自己的潜力，原来不仅读普通高中的学生才是优秀生，自己作为一名职高生也可以是很优秀的，于是他静下心来勤奋学习，后来考上了心仪的本科院校。

其实，我们谈仪容仪表，并不是要大家一味地追求外表美，一个人的心灵美才是最重要的。一个心灵美的人总会在他的仪容仪表上不经意地展现出他特有的气质。漂亮、得体的打扮并不仅仅是一种形式，还是自信心和创造力的体现。人们之所以会被别人的外貌所吸引，有时被吸引的并不是外貌本身，而是外貌背后所蕴含的值得人肯定的教养、素质，甚至是工作能力。

☞ **案例反思：**（1）小徐的成功为什么与仪容仪表有关？仪容仪表真的有心理暗示的作用吗？

（2）你能通过仪容仪表来体现自信吗？

自我对照修炼法

（1）你在每天早上上学前会照一下镜子，并对自己的穿着表示满意吗？

（2）你是否养成前一天晚上选好明天要穿的衣服的习惯，以免第二天在手忙脚乱中随意搭配衣服呢？

（3）你会经常理发，并按照《中学生日常行为规范》整理自己的发饰吗？

（4）你会经常剪指甲，并保持指甲干净吗？

（5）你能保持自己的衣服干净整洁，没有污渍吗？

（6）你会穿拖鞋上学吗？

（7）你会根据周围人对你衣着的评价和

建议而改换服饰吗？

（8）你每天会有意识地使自己保持笑容，让自己看起来更加阳光吗？

（9）你会因为自己的穿着而充满自信吗？

（10）你是否考虑过因为要出席不同的场合而更换相应的服饰呢？

（11）你是否根据你今后可能从事的工作而有意识地在仪容仪表上向职场要求靠拢呢？

实践提升

（1）从今天起，检查自己的服饰、发型和个人卫生，做一个干净、整洁、阳光的中职生。

（2）了解你今后从事的职业在仪容仪表上的要求，以职场人士的要求对照自己的仪容仪表，为今后步入职场养成注重仪容仪表的好习惯。

经验分享

亲爱的同学，把你在修炼该习惯的过程

中总结的独到经验和做法写下来，在班级中进行交流，让大家一起分享你的快乐吧。

读书破万卷，下笔如有神。

2. 自信乐观

修炼目标

（1）培养自信乐观的性格，拥有积极向上的心态。

（2）学会勇于面对困难和挫折，找到克服它们的方法，最终到达成功的彼岸。

案例分享

当你中考失利时，你父母是否为你选择职业学校而感到骄傲？你是否能欣然选择进入职业学校读书？

笑对人生，世界上处处鲜花盛开；心怀怨恨，生活中处处荆棘丛生。乐观者常说："太好了！我能行！"悲观者常说："真倒霉！我不行！"

拥有了自信，你就拥有了前进的力量与智慧；跨越了自卑，你就跨越了命运的藩篱与壕沟。自信取代自卑之日，便是生命之花怒放之时。

很多时候，缺乏自信并非力不从心，而力不从心时常是因为缺乏自信。

乐观驱散阴霾与乌云，信心点燃激情与

科学如同大海，要求奋不顾身地拼搏。

梦想。乐观而不盲目乐观，自信而不自傲，是我们应当保持的良好心态。

在许多伟人身上，我们都可以看到一种自信乐观的性格。正是在这种性格的驱动下，他们敢于对自己提出很高的要求，并在失败中看到成功的希望，鼓励自己不断努力，最终获得成功。而一个人自信乐观性格的培养，需要从孩童时期开始，并给予引导、鼓励和帮助。

充满自信的爱迪生，一生有 1 000 多项发明，这些发明的制作过程并非都是一帆风顺的。为了寻找白炽灯的灯丝，他尝试过 1 000 多种灯丝材料。

邓小平靠自信乐观，三次被打倒，三次站起来，率领全国人民走上改革开放之路。中国的发展令世人瞩目，邓小平作为世纪伟人誉满全球。

江南笛王由百万富翁到一贫如洗后，靠在酒楼卖艺（吹笛子讨小费）谋生，让自己的晚年生活揭开了全新的一页，他不仅自在坦然，还乐此不疲。

赏识教育家周弘的女儿从小耳朵失聪，靠父亲培养的自信乐观，克服了语言的重重障碍，其英语演讲能力超过正常儿童。后科学的种子，是为了人民的收获而生长的。

来，她被美国波士顿大学录取，攻读博士学位。

患有智力障碍的舟舟自信乐观，在其父亲发现了他的音乐天赋后，竟然能指挥中外交响乐团演出并获得成功。

你想在职业学校中获得成功吗？请培养自信乐观的性格！

乐观是一双“隐形的翅膀”

在一节心理学的课堂上，教授拿出了一张白纸，问大家：“大家看一下，这张纸有几种命运？”学生们鸦雀无声，他们不知道教授为什么要问这么稀奇的问题。

接着，教授把那张白纸扔在地上，还在纸上狠狠地踩了几脚。白纸上立刻就出现了一个脏兮兮的鞋印。教授捡起那张纸，又问道：“请大家再思考下，这张纸有几种命运？”

一个学生皱着眉头说：“它成了一张废纸。”教授听了，没有对这位学生的回答发表任何意见，随后又把手中的纸撕成了两半，又扔在了地上，再一次问大家：“那么，现在你们觉得这张纸有几种命运？”

“它还是一张废纸。”很多学生都这样回

答。教授听了，仍然没有做出任何回应。他只是默默地将刚才撕成两半的纸捡了起来，然后在纸上快速地画了一幅人物素描，同时还配了一首小诗，此时刚才的脚印已变成这幅人物素描画中少女裙摆上美丽的褶皱。

这时，教授一边拿着这幅素描向学生们展示，一边继续问学生们：“现在你们看到的这张纸的命运又是怎样的呢?”学生们豁然开朗，齐声回答道：“您赋予了这张废纸希望，使它有了价值。”

教授微笑着对学生们说：“对于一张普通的白纸，如果我们用消极的态度对待它，那么它就是一张一文不值的废纸；但如果我们用积极的态度对待它，它就会变成一幅美丽动人的图画。一张白纸是如此，一个人更是如此。因此，我们想要毁掉一个人，就用消极悲观的心态去对待他；相反，我们想要成就一个人，就请大家用积极向上的心态去对待他吧。”

想要成大事者，就要为自己插上一对乐观的翅膀，在人生道路上睿智前行。无论遇到怎样不利的人生境况，我们都要积极努力地去改变它，将自己从黑暗中拯救出来。当我们拥有了积极向上的心态，从生活的压力科学的伟大进步，来源于崭新与大胆的想象力。

中勇敢地抬起头来，我们便会看到成功的曙光就在自己的前方。在人的一生中，坚持用积极向上的心态不断地去努力，那么在人生道路上每个人都将成为冠军。

☞ 案例反思：(1) 这张白纸到底会有几种命运？教授是怎样改变这张白纸的命运的？

(2) 如果你是这张白纸，你会选择哪种命运？为什么？

断　箭

在春秋战国时期，有一位父亲带上他的儿子一起出征打仗。父亲已做到了将军，而儿子还只是一名普通的马前卒。在战鼓雷鸣、号角吹响后，父亲庄严地托起一个插着一支箭的箭囊，郑重地对儿子说："这是我们家传的宝箭，威力无穷，你要时刻佩戴在身边，但千万不可以将箭抽出来。"

儿子看着父亲交给他的精美箭囊，顿时喜上眉梢：这是个用厚牛皮打制的、四周都镶着幽幽泛光的铜边儿的箭囊。他又看了看那露出的箭尾，一眼便认定它是用上等孔雀羽毛制作的。于是他开始想象这支箭的箭头、箭杆的模样，耳旁也仿佛掠过了嗖嗖的箭声，敌方的主帅则应声折马而毙。

果然，儿子佩戴着宝箭，在战场上英勇非凡，所向披靡。当听到鸣金收兵的号角时，儿子得意扬扬，完全忘记了父亲的叮嘱，强烈的欲望驱使着他试图看个究竟，他一下子就拔出了宝箭，当他看到箭囊里原来装的是一支折断的箭时，顿时惊呆了。他吓出了一身冷汗："一支断箭？我一直带着这支断箭在打仗呢！"此时，儿子如同顷刻间失去支柱的房子，他的意志轰然坍塌了，最后他惨死于乱军之中。

父亲拂开蒙蒙的硝烟，捡起那支断箭，沉重地说道："不相信自己的意志，永远也做不成将军。"

如果自己是一支箭，若要它锋利，若要它坚韧，若要它百发百中、百步穿杨，磨砺它的都只能是自己。

☞ 案例反思：（1）将军的儿子原先能成功击败敌军，但后来为什么又惨死在乱军之中？

（2）换作你是将军的儿子，你会怎么做呢？

自我对照修炼法

（1）当你做事不顺利的时候，你会自

科学是永无止境的，它是一个永恒之谜。

责吗？

（2）遇到问题时，你会退缩吗？

（3）生活中时常会遇到挫折，你能微笑着勇敢面对吗？

（4）目前你遇到过的最大的挫折是什么？你克服它了吗？

（5）在人生的考验面前，你能从容不迫、轻松应对吗？

（6）你的好朋友属于自信乐观的人还是自卑悲观的人？

（7）如果碰到困难了，你会暗示自己“我能行”“我一定行”吗？

（8）当你获得成功时，你会一直沾沾自喜吗？

（9）你努力做好一切准备，但最后还是失败了，你会怎么办？

（10）你对过去的失败和错误的判断耿耿于怀吗？

（11）你会嫉妒比你优秀的同学吗？

实践提升

（1）从现在起，学会欣赏自己的优点，积极地暗示自己，主动和乐观的人交朋友，做一个自信乐观的中职生。

（2）在你以后的人生道路上，遇到挫折时勇敢地站起来，树立起坚定的必胜信念，理性地查找失败的原因并战胜它们。

经验分享

亲爱的同学，把你在修炼该习惯的过程中总结的独到经验和做法写下来，在班级中进行交流，让大家一起分享你的快乐吧。

知识不存在的地方，愚昧就自命为科学。

3. 爱心感恩

修炼目标

（1）养成有爱心、知感恩的好习惯，让爱心在感恩行动中扎根。

（2）学会知恩、感恩，懂得报恩、施恩，学会尊敬师长、关爱同学，回报家庭、学校和社会，培养爱的情感和品质，为以后的人生道路奠定良好的基础。

案例分享

爱，是人类文明的灿烂花朵，也是亘古不变的话题，它传承着历史文化，闪耀着人性光辉。在中华上下五千年的历史长河中，它是薪火相传的民族精神之魂。孟子告诉我们“爱人者，人恒爱之；敬人者，人恒敬之”。墨子倡导“兼爱非攻”的境界。可见，爱心是美德的种子，能开出充满诚心、真心的花朵。

爱从哪里来？爱从感恩中来！小时候，我们学会“滴水之恩，当涌泉相报”；长大了，我们理解饮水思源，大爱无疆。感恩，是人类情感中宝贵而质朴的因子。只有学会科学是实事求是的学问，来不得半点虚假。

感恩，我们才能明确责任；只有学会感恩，我们才能体会真情；只有学会感恩，我们才能感受幸福、享受生活。

在水中放进一块小小的明矾，就能吸附水中的杂质，使之沉降；如果在我们的心中培植一种感恩的思想，就可以沉淀许多的浮躁与不安，消融许多的不满与不幸。只有心怀感恩，我们的生活才会变得更加美好。

从现在开始，每天抽出一点时间，为自己目前所拥有的一切而感恩，为自己的存在而感谢父母，真诚地为身边的每一个人祝福。试着写一张字条给老师，告诉他你在学校里学到了很多的技能，感谢他让你在学习中获得这么多知识。在以后的工作中，你这种颇具创意的感谢方式，一定会让你的上司注意到你，甚至可能提拔你。感恩是会传染的，老板同样会以具体的方式来表达他的谢意，感谢你对公司的付出。

感恩是情感的自然流露，它会增强你的个人魅力，让你拥有神奇的力量，使你在职场中出类拔萃。

感谢微软公司提供工作的机会

史蒂文斯是美国某城市的一名程序员，

人借助于科学，就可纠正自然界的缺陷。

他在软件公司干了8年，某天突然失业了。一直以来，他都以为会在这个软件公司干到退休，然后拿着优厚的退休金回家颐养天年。然而现在，史蒂文斯的第三个儿子刚刚出生，公司突然倒闭，他必须尽快找份新工作。但程序员的工作机会不多，而他除了编程以外，一无所长。所以一个月过去了，他仍然没有找到工作。

终于，他在一份报纸上看到了一则某软件公司招聘程序员的消息，而且这个公司待遇非常优厚。于是，他满怀希望带着自己的资料赶到这个公司参加应聘，来应聘的人多到超乎了他的想象，很显然，这次应聘的竞争会异常激烈。在简短的交谈过后，这个公司让他一周后再来参加笔试。在笔试中，他凭借过硬的专业知识，轻松地过关了，这个公司通知他2天后再参加面试。有着8年丰富工作经验的他感到无比自信，他坚信面试会很容易通过。然而，当他面对考试官提出的“关于软件业未来发展的方向”等问题时，由于他从未对此认真思考过，因而面试表现不佳。最后，这个公司告知他应聘没通过。

史蒂文斯虽然应聘失败，但是觉得这个

公司对软件业的理解让他耳目一新，他感到受益匪浅，决定给这个公司写一封感谢信。于是他立即拿起笔来写道："感谢贵公司愿意花人力、物力给我提供了笔试、面试的机会，虽然我落聘了，但在此次的应聘中增长了见识，开阔了眼界。再次感谢贵公司的工作人员为此付出的劳动，谢谢！"这是一封闻所未闻的、特别的信，落聘的人不但没有不满，竟然还给公司写了封感谢信。这封信被一层一层地往上递送，最后送到了公司总裁的手里。总裁看了信之后，一声不响就把这封信锁进了办公桌的抽屉里。

3 个月后，史蒂文斯先生在新年来临的时候收到了一张精美的新年贺卡，上面写着："尊敬的史蒂文斯先生，如果您愿意，请和我们一起共度新年。"贺卡正是他上次应聘的公司寄来的。原来这个公司在出现职位空缺时，其工作人员都想到了品德高尚的史蒂文斯。这个公司就是闻名世界的美国微软公司，而史蒂文斯也凭着出色的业绩，在十几年后就坐上了副总裁的位置。

☞ 案例反思：（1）史蒂文斯落聘后做了什么？

（2）微软公司为什么会给落聘的史蒂文斯机会？

智慧、勤劳和天才，高于显贵和富有。

幸运源于爱心的馈赠

里希纳的家靠近大海，他们村里的祖辈们都以打鱼为生。里希纳从小跟随父亲出海，不久就成为父亲的得力助手。近年来，他开始迷上了打猎，为此没少挨父亲的责骂。

在这个村子不远的地方有一座小山，由于地势险峻，几乎人迹罕至，听年长者讲山上经常会有野猪出没。里希纳心想：要是他能打到一只野猪，那该有多好啊！山上的野猪一直让他魂牵梦萦，于是他下定决心要去山上碰碰运气。

那天，里希纳在天还没亮的时候，就悄悄地起床，瞒着父亲带上了绳索、猎枪等工具上山了。他仔细地搜寻着，过了很久还是没有看到野猪的影子。等到太阳爬得老高的时候，他想到父亲还在家里等他一起出海，无奈中，他带着一身的沮丧和疲惫准备回家。当他走到半山腰时，隐隐约约听到不远处传来了野猪的叫声。他马上兴奋起来，循着声音小心地找过去。

果然，里希纳看到一只小野猪陷在泥沼中，只剩下头部还露在外面，显然这只小野没有智慧的蛮力是没有什么价值的。

猪已筋疲力尽，陷在泥沼中无法动弹，也无法逃脱，它的眼神里充满了绝望。里希纳喜出望外，心想：这只小野猪可真是个冒失鬼，竟然掉到泥沼里，这真是个意外的收获啊！于是，他迅速地举起猎枪对准了这只小野猪。

当然，小野猪肯定还不明白：那支乌黑锃亮的猎枪对它来说意味着什么。它直直地盯着面前的陌生人，眼睛里闪烁着兴奋的光芒，它竟然把里希纳当成了救星。此时，里希纳端着猎枪开始犹豫了：它在向我求救？

噢，真是个小可怜！里希纳一边叹息着，一边放下猎枪，他要想出办法来营救这只小野猪。若要救出小野猪，首先要保证自身的安全。如果他不小心也掉进泥沼里，情况就会更加危险。他想了又想，唯一的办法就是用绳子将小野猪的脖子套住，把它拉上来。于是，他抛下绳子，好不容易将绳子套上了小野猪的脖子。但如果绳子勒得太紧，小野猪可能会被勒死，所以里希纳一直小心翼翼地将小野猪往上拉。但它似乎不懂得配合，绳子刚套上去，又滑了下来。经过他反复地努力，最终把小野猪救了上来。此时，里希纳坐在地上大口地喘气，浑身上下沾满了污泥，而时间已经过去2个小时。里希纳智慧意味着以最佳的方式追求最高的目标。

开始犹豫了：父亲肯定会责罚他的，他该如何应对呢？

正在这时，他突然听到了远处传来轰隆的巨响，如同天崩地裂一般。里希纳回头一看，十几米高的巨浪铺天盖地而来，冲上了海岸，瞬间把山下的村庄给吞噬了。看到眼前发生的这一幕，里希纳不停地颤抖着，惊恐万分。

在这场举世震惊的印度洋海啸中，里希纳成为这个村里唯一的幸存者。

☞ 案例反思：（1）在这场举世震惊的印度洋海啸中，里希纳幸存下来了吗？

（2）里希纳得以大难不死实属巧合，可如果他不救小野猪，巧合会发生吗？

自我对照修炼法

（1）当得到别人的帮助时，你会主动说“谢谢”吗？

（2）作为独生子女，每天都被多重爱包围着，像众星捧月一样，你是否会对大家给予的爱习以为常？

（3）你在家为辛勤工作的父母烧过饭吗？你帮父母做过力所能及的家务活吗？

（4）在街上遇到乞讨的残疾人，你会怎

科学的伟大进步，来源于崭新与大胆的想象力。

么做？

（5）你参与过“献爱心”活动吗？

（6）你愿意加入青年志愿者协会吗？

（7）在公交车上，你给老弱病残让过座吗？

（8）你怎么看待那些踊跃捐款的同学？

实践提升

（1）从今天起，让我们持之以恒地付诸行动，用感恩的心、真挚的情，积极参与到爱的传递中去。

（2）学会知恩图报，积极参与志愿活动，成为一位有爱心、懂感恩的中职生。

经验分享

亲爱的同学，把你在修炼该习惯的过程中总结的独到经验和做法写下来，在班级中进行交流，让大家一起分享你的快乐吧。

无知会使智慧因缺乏食粮而萎缩。

4. 掌控情绪

修炼目标

（1）养成控制情绪的好习惯，能正确表达自己的情绪。

（2）学会正确认识自己的情绪，了解情绪对自身发展和取得成功的重要影响，掌握有效控制自己情绪的方法，做情绪的主人。

案例分享

生活中，面对不同的环境、不同的对手，有时候采用何种手段已不太重要，而如何保持健康的情绪才至关重要。

每个人都有自己的情绪，而情绪是复杂多变的，有时会让人捉摸不透，但是，不管它怎样变化，你都要想办法将它捏得紧紧的。因为这关系到你能否在社会上游刃有余地生存。

情绪往往会从言语当中流露出来：心平气和，言语就会非常柔软，让人如沐春风；但是气急败坏，言语就会刺伤对方的心。譬如有的同学会为了一句脏话而大打出手，这就是因为其控制不住自己的情绪，不管三七二十一发泄一通，结果搞得场面十分难堪。所以，我们要学会把情绪收放自如。这个时候，情绪已不仅是一种感情上的表达，还是攻防中的武器。生活中，每个人难免会碰到这种擦枪走火的状况。但是，聪明人拥有将不良的情绪赶走的本事。

看一个人的涵养和行事的风格，可以知道他是否能成为可塑之才，是否有大将之风。因此，要想成为有用之才，除了要有常识与能力之外，还要看他能否将情绪操控得当。一个人的涵养来源于他的修养，有修养之人懂得控制情绪，而遇事不冷静，且以某种极端手段处理问题的人，绝不是一个有修养的人。

情绪处理得好，可以将阻力化为助力，化解危机；情绪处理得不好，容易做出一些非理性的行为，轻则误事受挫，重则违法乱纪。因为当人的情绪上来了，理智很容易丧失。而当两个人在那里争吵的时候，彼此的父母、朋友和关心他们的人不知道操了多少心。

所以，只有掌握情绪的人，才能掌握未来。我们冷静地来看，一个团体里面有一个良好的人生是受行动和智慧指导的。

人的脾气特别大，很可能致使整个工作气氛十分压抑。掌握情绪不只是掌握自己的未来，更重要的是掌握下一代的未来，所以控制情绪在我们的人生当中相当的关键。

小不忍则乱大谋

隋朝时，隋炀帝是一位十分残暴的君主，各地农民纷纷起义，许多官员也慢慢倒戈，帮助农民起义军。隋炀帝的疑心病非常重，他对朝中的大臣，特别是外藩重臣，更会起疑心。

曾多次担任地方官的唐国公李渊，每到一个地方都会结交当地的英雄、豪杰，多方施行恩德，因而声望很高，许多人都前来归附。因此，大家都很担心他会遭到隋炀帝的猜忌。

正在这时，隋炀帝下旨要召见李渊，李渊因身体不适没有前去朝见，隋炀帝为此很不高兴，开始对李渊产生了怀疑。当时，隋炀帝有一位妃子，正好就是李渊的外甥女王氏，隋炀帝便向她问起李渊没有来朝见的原因，王氏回答说是因为李渊身体不好，隋炀帝接着问道："那他会死吗?"王氏听后，心里非常害怕，忙替李渊说情。

与智慧相伴的是真理，智慧只存在于真理中。

待隋炀帝离开后，王氏急忙派人把这个消息带给了李渊。李渊从此更加小心谨慎了，他想：自己迟早会被隋炀帝所不容，但太早起事又怕力量不够，只好隐忍等待。于是，他整天沉湎于声色犬马之中，故意败坏自己的名声。隋炀帝听到了这些情况，自然就对李渊放松了警惕。而暗地里，李渊不断培养有才之士，扩充兵力，于是就有了后来的太原起兵和大唐王朝的建立。

☞ 案例反思：（1）当隋炀帝开始忌惮李渊时，如果李渊不懂得隐忍等待，结果会怎样？

（2）李渊究竟采取了什么策略最终成为大唐王朝的建立者？

苍蝇与冠军

在一场举世瞩目的赛事中，世界台球冠军已走到卫冕的门口了。他只需要将最后那个8号黑色球打进球洞，凯歌就奏响了。但就在这时，一只苍蝇不知从什么地方飞了过来，正巧落在世界台球冠军握杆的手臂上，世界台球冠军觉得有些痒，就停下来了，苍蝇也飞走了。然而，当世界台球冠军再次弯腰准备击球时，苍蝇又飞回来了，这回它竟飞落在世界台球冠军紧锁着的眉头上。世界由智慧所养成的习惯能成为第二本性。

台球冠军只好很不情愿地又停了下来，烦躁地去驱赶那只苍蝇。苍蝇又很快地脱逃了。接着，世界台球冠军进行了深呼吸，准备再次击球。天哪！世界台球冠军看到那只苍蝇像个幽灵似的落在了8号黑色球上，他非常愤怒，拿起球杆朝着苍蝇捅了过去，苍蝇受到了惊吓又飞走了，但世界台球冠军的球杆触碰到了黑球。按照比赛规则，此时应该轮到对手击球了。对手趁机抓住了这个机会，把剩下的球一口气全打进了洞。

世界台球冠军卫冕失败了，他非常怨恨那只苍蝇。但非常可惜的是，他后来因患上了不治之症，再也没有机会重返赛场了。临终的时候，他还是对那只苍蝇耿耿于怀。一只苍蝇和一名世界台球冠军的命运就这样连在了一起，这也许是偶然的，但如果当时世界台球冠军能克制住自己的怒火并静待那只苍蝇自行离开的话，故事的结局也许就不一样了。

世界台球比赛不仅比拼的是技能，还比拼的是心理素质。只有善于控制自己的情绪，才会少出差错。比赛是这样，做人、做事又何尝不是这样。如果能学会控制自己的情绪，那么得到的又岂止是世界台球冠军？

☞ 案例反思：（1）世界台球冠军都已走到卫冕的门口了，但为什么最终还是卫冕失败了？

（2）当世界台球冠军受到苍蝇的干扰后心情发生了什么样的变化？

自我对照修炼法

（1）当你心中不快时，你会有什么样的情绪？

（2）当你遇到困难时，同学也来找你麻烦，你该怎么办？

（3）你通常会把积压在心里的烦恼通过什么途径宣泄出来？

（4）如果你受到老师的批评而感到冤枉时，你会怎么做？

（5）当你和父母意见不统一时，你会与父母发生争执吗？

（6）当你与同学闹别扭时，你会采取什么行动？

（7）如果一件事情没有做成功，你是会调整心态、总结经验，还是会郁郁寡欢、一蹶不振呢？

（8）当你失望、受挫、沮丧时，你会找

家长、老师和朋友沟通吗？

实践提升

（1）从今天起，正确认识自己的情绪，控制好自己的情绪，让我们天天拥有一份好心情。

（2）学会有效调节情绪的方法，善于控制自己的情绪，合理把控好情绪的度，将阻力化为助力，努力成为一名优秀的中职生。

经验分享

亲爱的同学，把你在修炼该习惯的过程中总结的独到经验和做法写下来，在班级中进行交流，让大家一起分享你的快乐吧。

5. 言行一致

修炼目标

(1) 养成言行一致的好习惯，努力做到说话、做事表里如一。

(2) 学会信守诺言，坚持说到做到，做一个言而有信的中职生。

案例分享

孔子曾有言：“言必信，行必果。”说话一定要讲信用，不食言，不说空话、假话、大话。言必可行，说到做到是诚实可信的表现。言行一致，这本不是什么高深的理论。也许正是因为太过简单，所以容易被大家忽视。在日常生活中，我们经常能看到有一些人，对自己的承诺总是能履行，而另一些人却相反，对别人说的话就像儿戏一样，一下子就忘记了。其实，这些人太轻视承诺，不愿为自己说过的话负责。当然，我们应该向第一种人学习，学习他们如何说到做到，做一个遵守承诺的人。如果说一套，做一套，言行不一，口是心非，那样不仅会失去对方的信任，自己也将一事无成，变成一个没用的人。

我们经常会崇拜智力超群的天才，但是品德高尚的人更能赢得大家的信服和尊重，而言行一致更被看作优秀的领导人必须具备的首要特质。吉姆·柯林斯在《从优秀到卓越》一书中提道："言行一致、坚定不移、正直并且强有力的领导人才是优秀的领导人，才能攀越高峰。"

当年联想集团有限公司成立时，曾有这样一条规定：如果参加会议的人数超过 20 个人，谁迟到就要罚站 1 分钟，上自领导层，下至员工，一视同仁。第一个被罚站的人是曾任联想集团有限公司董事局主席的柳传志原来的老领导，罚站的时候他紧张得不得了，一身是汗，柳传志本人也一身是汗。柳传志跟他原来的老领导说，您先在这儿站 1 分钟，晚上我到您家里给您站 1 分钟。即使是柳传志本人也先后被罚站过 3 次。

因此，言行一致是为人处世的基本道德要求，也是做人的基本准则。它是现代社会生活中每个人的立身之本，是高尚的人格要求，也是青少年思想道德发展的基本要求。

杀猪教子

春秋时期，有一个人名叫曾子，他是大

成功是战胜艰难险阻的奋斗结晶。

圣人孔子的徒弟。曾子一直严于律己，尤其注重道德修养。他不仅在社会交往中注重诚信，也在家庭教育中注重诚信。

有一天，曾子的妻子要到街上去买菜，他的小儿子也要跟着去，还拉住了母亲的衣服又哭又闹。曾子的妻子被闹得没有法子，就弯下腰哄他说："儿子，你要听话。你回去等我回家，我杀猪烧肉给你吃。"小儿子听了之后，不哭了，咽着口水，答应母亲在家里等。

曾子的妻子上街回到家，还没有进门就听见了"哼哼"的猪叫声。她快步走进了院子，看到了自己辛苦养大的那头肥猪已经被绳子紧紧地捆着，四只脚都朝着天。她走上前一看，原来曾子正在旁边磨着刀。她急急忙忙走过去问曾子："你这是要干什么呀?"曾子一边磨刀一边回答："杀猪啊!"她听完，赶紧拦住曾子说："你怎么现在就要杀了这头猪? 这是要留着过年的时候才吃的!"

曾子答道："你不是对小儿子说，他只要不跟着你一起到街上去，你回来就会给他杀猪烧肉吃吗?"

她听了，笑着说："这话你也当真? 我这不是为了哄小孩子吗?"曾子站起来对妻子说："对人要讲信用，这是最基本的道理。你怎么可以为了让他听话，想到什么就说什么呢？"

曾子的妻子仍恳求道："我还可以再哄哄他呀！你何必这么认真呢？说杀猪，我们就必须要杀吗？"

曾子说："如果你给孩子承诺了要杀猪而现在反悔不杀，那就是在欺骗他，也是在教他怎么去欺骗别人。你欺骗了孩子，他以后就会对你失去信任；他一旦不相信你，今后你还怎样教育好他呢？"

曾子说完，立马一刀戳进了猪的喉咙，把猪给杀了。

☞ 案例反思：（1）曾子的妻子是否真的要杀猪给小儿子吃？

（2）曾子为什么坚持要杀猪？

（3）你觉得曾子做得对吗？为什么？

爬着上班的小学校长

1998 年 11 月 9 日，在美国的犹他州土尔市，有个人在雪地上艰难地爬行着，这人名叫路克，42 岁，是一位小学校长。他在 3 个小时之后，终于到达了自己所任职的学校。据计算，他一共爬了 1 600 米。

当大家看着这位身体健康的校长在雪地上爬行的惊人一幕时，都觉得不可思议。那么，路克校长为什么要做出这样令人费解的举动呢？原来他是为了兑现自己的诺言：在那个学期开始时，路克校长看到学校里的师生都非常懒散，他为了激起他们读书的热情，便与大家公开打赌：如果你们能在期中考试之前完成 15 万页的读书量，我会在 11 月 9 日那天爬着来上班，绝不反悔！

听到这个赌注，全校师生都非常好奇，于是他们一个个认真地投入读书活动之中，就连幼儿园的小孩子也都加入进来，他们都非常想知道路克校长是不是真的能说到做到。

到了 11 月 8 日的晚上，统计数字出来了，全校师生的阅读量已经大大超过了 15 万页，于是路克校长兑现了诺言：第二天早晨，土尔市便出现了本文开头的那一幕。

那时，全校所有的师生就像约定好似的，他们排着整齐有序的队伍，在道路的两旁守护着亲爱的路克校长，甚至有的人趴下去和路克校长一起向前爬行。在爬行的过程中，路克校长的护膝也被磨破了，一同被磨破的是 5 副手套，但他最终坚持爬到了学校。在他的身后，师生们一个个泪流满面、掌声雷动……

☞ 案例反思：（1）1998 年 11 月 9 日，美国犹他州土尔市出现了怎样令人震惊的一幕？

（2）42 岁的路克校长为什么在雪地上爬行？你会为他感动吗？

自我对照修炼法

（1）你会认真执行班级值日生的工作吗？

（2）你喜欢那些夸夸其谈，但没有行动力的人吗？

（3）如果朋友有求于你，但你又办不到时你会承诺下来吗？

（4）当你答应人家后，你是尽全力去做还是马马虎虎应付了事呢？

（5）如果你做出了承诺，但自己又做不到时会感到难为情吗？

（6）如果答应他人的事情做不到时，你会表示歉意吗？

（7）当父母承诺你的事没有办到时，你会怎么想？

（8）你会觉得那些说到做到的人是死板

的人吗？

（9）如果你向别人借了钱，你会及时归还吗？

（10）你与朋友之间的交往是否言行一致？如果有言行不一致时，你会怎么做？

实践提升

（1）从现在做起，从点滴做起，明白言行一致的重要性，养成言行一致的好习惯。

（2）学会不轻易夸下海口，一旦说到就要做到，如果尽力之后还是做不到时，要及时请求大家的谅解，努力成为一名值得被大家尊重和信任的优秀中职生。

经验分享

亲爱的同学，把你在修炼该习惯的过程中总结的独到经验和做法写下来，在班级中进行交流，让大家一起分享你的快乐吧。

第二篇 人生奋斗篇

6. 目标引领

修炼目标

(1) 认识设立目标的重要性，养成制定目标的好习惯。

(2) 学会制定符合自身特点的目标，坚持向目标迈进。

案例分享

每个人都向往成功，但成功是怎么来的呢？机遇、拼搏、坚持……或许答案有很多种，但有一点可以肯定的是，成功是自己计划得来的。

成功者在做事之前都会给自己树立一个明确的目标，有了目标就有了清晰的方向；而失败者则终日忙忙碌碌、无所作为。正如美国潜能大师柏恩·崔希所言："成功等于目标，其他的一切都是这句话的注解。"目标对于成功有不可估量的价值。如果你想要获得成功，那就必须要有明确的目标。从进入职业学校的第一天起，你就要给自己制定目标，因为有了目标，做事情就有了热情。而有了积极性，你就会知道自己该干什么，不该干什么。有部分学生目标很清晰，他们对学业、专业、人际关系的处理，综合能力的培养都有明确的追求；但也有部分学生很迷茫，不知道自己要做什么？最后大家只能脚踩西瓜皮——滑到哪里是哪里。这不仅荒废了学业，还浪费了青春，更耽搁了自己的前程。

人生需要目标，若我们没有明确的目标，没有感到有意义的目标，我们很容易兜圈子，既找不到起点，又找不到终点，生活就会变成一团乱麻。人生就像登山。若你抬头仰望要攀登的山顶，你会很快找到奋斗的方向；若你只是在乎眼前的利益，那么你将看不到山顶上美丽的风景。一位有目标的追求者，可以朝着目标奋勇前进，即使在行进的过程中会遇到许多荆棘和坎坷，他也会从容面对，走向成功。

目标是人生前进的方向

从前，有个叫比赛尔的村庄，它坐落于

有知识的人不实践，等于一只蜜蜂不酿蜜。

一望无际的大沙漠里。距离村庄 2 千米的地方有块绿洲，从这儿走出大沙漠一般需要三天三夜。但是，在英国皇家学院院士肯·莱文 1926 年发现它之前，村庄里从来没有人能走出过大沙漠。据说，村庄里的人也想尝试走出大沙漠，但最终都是以失败告终。为了判断事情的真假，院士用手语与当地人交谈，结果每个人的答案都是一样的：无论从村庄的哪个方向出发，最终都会回到出发的地方。

了解到这个情况后，肯·莱文亲自进行了一次实践，他从村庄出发后，沿着北斗星一直向北走。3 天后，他就走出了那片大沙漠。“村庄里的人为什么走不出去呢？”肯·莱文感到很疑惑。

为了解开谜底，肯·莱文又做了一次试验，他请了一个当地人做向导，备足了口粮和水，并带了两头骆驼，随后开始了他们的走出大沙漠之旅。肯·莱文一直跟着当地人走，不知不觉 10 天过去了，两人大约走了 1 287 千米的路。到了第 11 天，他们果然又回到了那个村庄。这下，肯·莱文总算知道村庄里的人走不出大沙漠的原因了，原来村庄里的人根本就不知道北斗星的存在。在无边无际的大沙漠里，如果大家只是跟着感觉走，他们只会走出大小不同的圆圈，换句话说，他行走的终点其实就是起点。村庄位于大沙漠的中央，周围除了大沙漠还是大沙漠，如果当地人不跟着北斗星行走，想走出大沙漠确实是无法实现的。

为了让村庄里的人顺利地走出大沙漠，肯·莱文离开时，带了一位当地青年。他告诉这个青年："只要你白天休息，夜晚朝着北面那颗最亮的星星走，就能走出大沙漠。"这位当地青年照着他的话去做了，3 天后，他果然走出了那块无边的大沙漠。

在生活中，一些人之所以没有获得成功，是因为他们往往缺乏的不是能力，而是缺乏正确的指导方向和明确的目标。成功者在做事之前都会给自己树立一个明确的目标，有了目标就有了清晰的方向，而失败者则终日忙忙碌碌，无所作为。

☞ 案例反思：（1）为什么在肯·莱文发现比塞尔村庄之前，村庄里的人从来没有走出过大沙漠？

（2）我们如何制定符合自身特点的目标？

实现目标的智慧

日本著名的马拉松运动员山田本一在1984年和1987年的国际马拉松比赛中，夺得了世界冠军。每当记者问他为什么能取得如此好的成绩时，山田本一总会回答："凭智慧战胜对手！"

众所皆知，国际马拉松比赛首先考验的是运动员的体力和耐力，其次才是爆发力、速度和技巧。因此，许多人觉得山田本一的回答一定是在故弄玄虚。

10年后，在山田本一的自传中，这个谜底被揭开了。他说："每次比赛之前，我都要乘车把比赛的路线仔细地看一遍，并把沿途比较醒目的标志画下来。如：第一标志是银行，第二标志是一个古怪的大树，第三标志是一座高楼……这样一直画到赛程的结束。比赛开始后，我就以百米的速度奋力地向第一个目标冲去，到达第一个目标后，我又以同样的速度向第二个目标冲去。40多千米的赛程，被我分解成几个小目标，跑起来就轻松多了。刚开始，我把自己的目标定在终点线的旗帜上，结果当我跑完十几千米的时候就已经疲惫不堪了，因为我被前面那段遥远的路吓到了。”确实，山田本一非常智慧，因为他知道如何才能一步步实现自己的目标。

☞ 案例反思：（1）山田本一是如何取得国际马拉松比赛的冠军的？

（2）我们如何来实现自己制定的目标？

自我对照修炼法

（1）你了解自己吗？请写出你的优点和缺点。

（2）你知道周围的人是如何评价你的吗？

（3）你有信心逐步改正自己的缺点吗？

（4）你喜欢现在所学的专业吗？

（5）如果你的专业与兴趣不一致，你会如何去协调？

（6）你了解你所学的专业课程有哪些？你必须取得的证书有哪些？

（7）你想参加技能竞赛吗？为什么？

（8）你对学校开展的各类评优评先表彰活动感兴趣吗？为什么？

（9）你愿意参加学生会或社团吗？为什么？

诚实是人生的命脉，是一切价值的根基。

（10）你了解过所学专业的职业环境吗？

（11）毕业后，你是会选择升学，还是会选择就业或创业呢？

（12）你了解一个合格的劳动者的基本职业素养有哪些吗？

（13）你准备好就业或创业了吗？

实践提升

（1）从现在开始，制定一个符合自身特点的总目标，把总目标分解成若干个小目标，通过相应的措施，在逐步实现小目标的基础上最终实现总目标。

（2）通过对学校优秀毕业生或周围成功人士的采访，感悟他们成功的历程，体会他们收获的甘甜，从而帮助大家形成正确的人生观、价值观，更好地实现自己的目标。

（3）拟写一份职业生涯规划书。

经验分享

亲爱的同学，把你在修炼该习惯的过程中总结的独到经验和做法写下来，在班级中进行交流，让大家一起分享你的快乐吧。

没有智慧的蛮力是没有什么价值的。

7. 勤奋惜时

修炼目标

（1）逐步养成学习、生活有计划，做事讲效率的好习惯。

（2）懂得珍惜时间、勤奋学习，培养和增强自身综合能力。

案例分享

时间是世界上最快而又最慢，最长而又最短，最平凡而又最珍贵，最易被忽略而又最让人后悔的东西。一步一步，一段一段，不管它走了多久，都不会停留，度过秒、分、时、日，又积成周、月、年、代。高尔基说过：“时间是最公平合理的，它从不多给谁一分。勤劳者能叫时间留下串串果实，懒惰者时间留给他们一头白发，两手空空。”我们不能让时间停留，但可以每时每刻做些有意义的事。

同学们，“一寸光阴一寸金，寸金难买寸光阴”的道理人人都懂，可为什么还有人虚度光阴、荒废生命。上课的时候，有同学睡觉、玩手机、看小说，作业总是拖到第二生活的理想，就是为了理想的生活。

天早上抄其他同学的。他们在学校不认真学习就算了，毕业后还整天待在家里，认为自己现在还年轻，先尽情享乐，过几年再考虑找工作。最终明日复明日，明日成蹉跎。一个今天胜过两个明天，当日事当日做，把什么事都放到明天的人，最终什么事都干不成。

有时我们总会抱怨时间不够用，许多要干的事都没有干完，但是真的要将责任推给时间吗？时间就像海绵里的水，只要愿挤，总还是有的。究其原因是我们没有抓紧它，杰弗逊说得好："从不浪费时间的人，没有工夫抱怨时间不够。"

对一个人来说，时间就是生命，它非常有限，当失去它时，生命也走到了尽头。你是想把它当作日历一天天撕去，到最后只留下一个生了锈的日历夹吗？人活着是要实现价值的，为什么有些人生命的价值大，而有些人生命的价值小呢？仔细看一看吧，他们的一生都做了什么。有些人的一生在不断地完成那些有意义的事，那么他的价值在学习工作中就体现出来了。一个人只有做的事越多，做得越好，他的生命价值就越大；反之，一个人不断地浪费时间，他的生命价值就越小。

别人做 8 个小时，我就做 16 个小时

长江实业集团有限公司创始人李嘉诚的勤奋和敬业是人所共知的。他刚步入社会时，工作十分辛苦，但他凭着一股韧劲坚持了下来。他曾说过这样的话："我 17 岁就开始做批发的推销员，就更加体会到挣钱的不容易、生活的艰辛了。人家做 8 个小时，我就做 16 个小时。7 个推销员中，我年龄最小、经验最少，但我的推销成绩最好，是第二名成绩的 7 倍……18 岁时我做了部门经理，2 年后，我又当上了总经理。"

经历了近 10 年的底层打工生涯后，李嘉诚拥有了自己的塑料厂，他先后做过多种工作，诸如茶楼伙计、钟表店伙计、五金厂和塑料裤带公司推销员等。每次换工作，对他来说都是一次挑战，但他总是力求完美，努力成为公司中最出色的员工。

做茶楼伙计时，每天第一个到茶楼的总是他。在茶楼，他会先根据茶客的外貌特征、言谈举止去推测他们的年龄、籍贯、性格、职业和收入等，然后找机会进行验证。这些做法让他很快了解了茶客的消费习惯，

三军可夺帅也，匹夫不可夺志也。

这样也就能得心应手地服务好茶客。事实上，凡是被他招待的客人都很满意，这些客人自然而然地成了茶楼里的常客。因此，李嘉诚也就成了茶楼加薪最快的伙计。

做塑料裤带公司的推销员时的李嘉诚，每天都背着大包走街串巷，寻找客户推销产品，他身体并不强壮，但他不怕吃苦，懂得如何与顾客打交道，这些都归功于他做茶楼伙计的经历。做茶楼伙计时，他练就了腿功、脚力和察言观色的本领。因此，在与客户交往时，他能轻而易举地根据客户的反应，采取相应的对策，完成产品的交易。一段时间之后，他的销售额遥遥领先于其他推销员，比第二名整整高出了6倍。

李嘉诚在接受记者的专访时，谈到自己的创业与成功时说："成功实际上是相对的。创业的过程，实际上就是培养恒心和毅力的过程。这其中并没有什么秘密，但真正做到中国古老的格言所说的'勤'和'俭'也不太容易。而且，从创业开始，还要不断地学习，把握时间。一个小公司在实力和资金都很单薄的情况下，与众多实力雄厚的大公司竞争，其中的艰辛是可想而知的。"李嘉诚经过自己的辛苦打拼，由一个一无所有的业精于勤，荒于嬉；行成于思，毁于随。

穷小子变成了一个拥有自己的商业帝国的创始人，他的成功是必然的。

☞ 案例反思：(1) 李嘉诚创业成功的秘诀是什么？

(2) 你能否说出一些勤奋惜时的名言警句？它们对于你的学习、生活有哪些积极的影响？

只需1分钟

一个年轻人打电话给著名教育家班杰明，问他如何才能获得成功？为了能更好地交流，班杰明决定与这个年轻人见面，两人约定了见面的时间和地点。年轻人如约而至，眼前的景象却令他大吃一惊——大教育家的房间里竟然十分凌乱。班杰明看到这个年轻人马上招呼道："你看我这房间，太不整洁了，请你在门外等1分钟，我收拾一下你再进来吧。"说完，他立刻把门关上了。1分钟后，大教育家如约打开了房门，并热情地招呼这个年轻人进入房间。此时，这个年轻人又被眼前的景象惊呆了——原来杂乱无章的房间已变得井然有序。这次，班杰明同样没给这个年轻人讲话的机会，他直截了当地说："好吧，你可以走了。"这个年轻人愣住了，他结结巴巴地说：“可是，我……我还没向您请教呢。”“这些，难道还不够吗？”大教育家一边看着自己的房间，一边微笑地说：“你进来已经有1分钟了。”“1分钟？1分钟？”这个年轻人喃喃自语地说，“噢，我懂了！您让我明白了1分钟可以做许多事情，也可以改变许多事情的深刻道理。”这个年轻人茅塞顿开，而后开心地走了。

☞ 案例反思：（1）为什么这个年轻人才进房间1分钟，班杰明就让他走了？它给你的启示是什么？

（2）在平常的学习生活中你该如何做到惜时勤奋？

自我对照修炼法

（1）你对自己的生活、学习和其他方面有制订计划并严格执行的习惯吗？

（2）你是否觉得你的时间永远都不够用？

（3）你是否有过迟到、上课睡觉、玩手机、看小说和抄作业的情况呢？你觉得这些是什么的体现？

（4）你喜欢玩游戏吗？你晚上一般会花多少时间在玩游戏上？你认为玩游戏对你的人生有何意义？

（5）课余时间，你一般都喜欢做些什么呢？

（6）你周围有学习成绩优异的同学吗？你是否观察过他每天的学习生活是怎样的呢？

（7）你喜欢自己的专业吗？

（8）你有没有偏科的现象？如果有，你觉得应该如何安排自己的时间？如何学好每一门功课？

（9）你有每天总结自己一天得与失的习惯吗？

（10）回想一下，你最初希望用这个学期的时间做些什么，你都做到了吗？

（11）在学习和生活中，你是否做到了勤奋学习、珍惜时间？如果没有做到，你认为可以从哪些方面加以改善？

实践提升

（1）从现在开始，给自己的生活、学习和其他方面制订计划并严格按照计划执行，向跑在前面的同学学习经验，取长补短，每天进步一点点，就是成功的开始。你要相信成功者往往都是珍惜时间的人，他们的成功都来自勤奋。

（2）多读一些名人成功的励志书籍，认识到珍惜时间、勤奋学习对于成功的重要性，养成学习、生活有计划，做事讲效率的好习惯。

经验分享

亲爱的同学，把你在修炼该习惯的过程中总结的独到经验和做法写下来，在班级中进行交流，让大家一起分享你的快乐吧。

富贵不能淫，贫贱不能移，
威武不能屈。

8. 积极行动

修炼目标

（1）养成积极行动的好习惯，做到知行合一。

（2）人在行动中成长，尝试让积极的行动给你人生的发展带来精彩。

案例分享

没有行动，卫星导航无论多么精确，都不可能抵达大洋彼岸；没有行动，设计的图纸无论多么精美，都不可能建起高楼大厦；没有行动，一本秘籍无论念多少遍，都不可能练成神功；没有行动，一个方法无论想多少次，都不可能达成目标。没有行动，卫星导航、设计的图纸、秘籍、方法，都是纸上谈兵；没有行动，梦想就毫无价值，计划就如同尘埃，目标也就永远无法达成。

行动，行动，只有行动，才能实现目标，获得成功。

人在行动中塑造自己，在行动中获得发展，在行动中实现人生理想和人生目标。但是在日常生活中，我们经常无法实现自己的目标。相信很多人有过这种体会：你下定决心每天要准时到学校，克服迟到的坏习惯，于是计划每天早上 6 点起床。第二天，你的闹钟准时响了，可是你根本就不准备起床，便对自己说："今天就当作最后一次吧，再多睡 10 分钟，明天绝对不再这样了。"果然，你按掉闹钟，转身继续睡觉。直到忽然醒来，你发现上学要迟到了，于是匆匆忙忙地起床，心急火燎地冲往学校。到了学校，你发现自己再一次迟到了。当老师问你为什么又一次迟到的时候，你一定会找出众多的理由进行搪塞，但不管你每次迟到的理由多么充分，最终的结果就是你迟到了，你的目标根本无法实现，原因就在于你没有付诸行动。

成功始于行动，我们要想学好文化知识，练好专业技能，培养自己良好的职业素养，未来成为高素质的人才，就要从积极行动开始。当然，在行动时，我们如果碰到困难和挫折，千万不要害怕，因为困难和挫折都是我们人生路上的踏脚石。如果害怕失败，最终放弃行动，实际上是放弃了自己的人生。

同学们，中国梦的实现需要大家积极行

骐骥一跃，不能十步；驽马十驾，功在不舍。

动，出彩人生也需要大家积极行动。只有积极行动，人生之门才会开启，人生之路才会不断向前延伸。

积极行动成就精彩人生

邓亚萍曾是中国女子乒乓球队运动员，1983 年加入河南省乒乓球队，1988 年被选入中国女子乒乓球队，1997 年退役。她在 14 年的运动生涯中，共获得 18 个世界冠军的头衔。她是第一个蝉联奥运会乒乓球金牌的中国球手，获得过 4 枚奥运金牌，被誉为“乒乓皇后”，是乒坛里有名的“小个子巨人”。前国际奥委会主席萨马兰奇非常欣赏邓亚萍，并与她成为忘年之交。她积极参与社会活动，曾是北京申办 2008 年奥运会的形象大使。她不仅担任过共青团北京市委副书记，还曾担任人民日报社副秘书长兼人民搜索网络股份公司总经理。

邓亚萍的父亲是一名体育教练，在父亲的影响下，她从小立志要做一名优秀的运动员。但由于个子矮小，手脚粗短，根本不符合运动员的要求，因此，她曾被河南省乒乓球队拒之门外。但是，年幼的邓亚萍没有放弃做运动员的梦想，跟着父亲学起了乒乓球。父亲每天规定她除了完成规定的体能训练之外，还要完成 100 个发球、接球的动作。只有七八岁的邓亚萍，为了能使自己的基本功更加扎实，球技更加熟练，便在自己的腿上绑了沙袋，并且把木牌换成了铁牌。这种训练对于成年人来说都是一种考验，更何况对于一个七八岁的孩子而言，这是一件多么有难度的事啊！她每次训练完，不是手掌被磨破了，就是腿肿了！但这些都没有难倒邓亚萍。她既没有叫过一声苦，也没喊过一声累。反而负责训练她的父亲，会心疼得掉眼泪。

一分付出一分回报。邓亚萍凭借着一股拼劲，10 岁时终于进入河南省乒乓球队，并在全国少年乒乓球比赛中一举获得团体和单打两项冠军。

邓亚萍说：“如果亚运会、世乒赛和奥运会的冠军是我乒乓球生涯的三大满贯，那么清华获得学士学位、诺丁汉大学硕士毕业和取得剑桥博士，就是我要完成的另一项大满贯。”

邓亚萍 1997 年退役后进入清华大学，2001 年获得英语语言文学学士学位，同年 9 月进入英国诺丁汉大学，2002 年 12 月 12

日，获当代中国研究专业硕士学位，同年进入英国剑桥大学攻读经济学博士学位，2008年获得英国剑桥大学土地经济学博士学位。

这就是邓亚萍，以永不服输、顽强拼搏的精神，书写了她辉煌的人生。

☞ 案例反思：（1）邓亚萍被河南省乒乓球队拒之门外后，是如何实现成为一名优秀运动员的梦想的？结束运动员生涯后，她又是怎样圆了经济学博士的梦想的？

（2）结合邓亚萍的事例，请你谈谈人生发展为什么必须通过积极行动来实现。

和梦想一起出发

王文艳的梦想是拥有一家旅游公司，然而她在高等职业学校学习时，学的是外贸专业。考入大学后，她学的是文秘专业。大学毕业后，她毅然选择了与她所学专业不对口的旅游业。旅游业对于王文艳来说，是一个完全陌生的领域，充满了很多不确定的因素，但这些都没有影响她进军旅游业的决心。她坚信通过自己的努力和拼搏，一定能实现自己的梦想。

2002年1月，她自信满满地进入了余姚市太平洋旅行社。作为旅行社的新人，她开始全面学习旅游业的各种知识，熟悉其中的各个环节。她的辛苦没有白费，不到一年的时间，王文艳拿到了导游资格证、领队证、旅行社总经理资格证等相关证书，这些都为王文艳事业的发展奠定了一个良好的基础。

2003 年，王文艳创立了余姚市春秋国际旅行社有限公司。但好事多磨，那年正好遇上严重急性呼吸综合征，又称传染性非典型肺炎（简称“非典”），整个旅游业受到极大的影响，这给刚成立的旅行社带来了致命的打击。近半年的时间里，旅行社基本上处于停业状态。面对如此严峻的形势，王文艳没有退缩，而是选择咬牙坚持。非典过后，旅游业恢复营业，每个团队的行程王文艳都精心安排，她热情、细心、真诚的服务赢得了客户的信任，客户也越来越多。到 2003 年年底，余姚市春秋国际旅行社在国家旅游局（现称“中华人民共和国文化和旅游部”）年检综合评分中名列三甲。同年，王文艳也扩大了公司的规模，员工由最初的 6 人增加到 12 人。

2004 年余姚市春秋国际旅行社的年销售额达 500 万元。取得如此好的业绩，王文艳没有骄傲自满，仍然在不停地探索和思考：旅游业中存在“小、散、乱、弱”的现象，怎样才能改变这种现象，实现旅行社的长远发展呢？作为服务业的旅游业，如何建立起诚信有效的服务机制呢？一番深思熟虑之后，王文艳结合旅游业的实际情况，规范了公司的管理制度，并建立了公司的网站。如今，旅行社的业绩早已突破了1 000万元大关，王文艳本人也多次获得各类先进个人的荣誉称号。

2011年，王文艳参加了全国高级导游员等级考试，并获得了“全国高级导游”称号。

面对竞争日益激烈的旅游业，不怕困难、敢于挑战、善于学习的人生信念让王文艳永远充满激情和信心！

☞ 案例反思：(1) 王文艳的事迹对中职生有何启示？

(2) 人生总目标确定后，我们该如何采取措施实现它？

自我对照修炼法

(1) 你的人生总目标是什么？你把人生总目标分解成若干个小目标了吗？

（2）制定好目标后，你是否有马上行动的习惯？

（3）你是否有拖拉的坏习惯？如果有，你该怎么办？

（4）你是否经常看一些励志的书籍？

（5）你是否会专注于一件事情？

（6）在行动中，如果遇到困难和挫折，你会放弃吗？

（7）你会用积极的心态面对生活中的困难和挫折吗？

（8）在行动中，你能快速做出选择并持之以恒吗？

（9）请你选择一个当前需要实现的目标，并马上行动，体会行动给你带来的成功和快乐！

实践提升

（1）从今天起，克服懒惰、拖拉等坏习惯，努力做一个积极行动、拼搏进取的中职生。

（2）努力做到“今日事，今日毕”，为今后顺利融入职场做好准备。

良好的人生是受行动和智慧指导的。

经验分享

亲爱的同学，把你在修炼该习惯的过程中总结的独到经验和做法写下来，在班级中进行交流，让大家一起分享你的快乐吧。

9. 注重细节

修炼目标

（1）注重细节，避免做事浮躁马虎，养成做事严谨的好习惯。

（2）学会从小事做起，从细节入手，做精益求精的执行者。

案例分享

一位管理学大师说过，现在的竞争，就是细节的竞争。细节影响品质，细节体现品位，细节显示差异，细节决定成败。细节是平凡的、具体的、零散的，如一句话、一个动作、一个会面……细节很小，容易被人们所忽视，但它的作用是不可估量的。那究竟什么是细节呢？其实细节就是一种态度，是一种动力，也是一种长期积累的经验和习惯。注重细节，既能展示一个人良好的修养和素质，也能体现出一个人认真负责的态度。

同学们，细节无处不在、无处不存，细节与大家紧密相连。然而正因为细节的小，往往被同学们忽视；正因为细节的细，容易被同学们无视。如：在校园内，一些同学喜欢随手扔垃圾；在严肃的升旗仪式上，一些同学嬉笑打闹，洁白的墙面上不时出现球印、脚印；在家里，一些同学的作业马虎了事……这些看上去似乎都是小事，但实际上反映了一个人的基本素养，甚至还反映了一个国家的国民素质。

众所皆知，我国是一个制造业大国，但不是制造业强国。两者之间的差距在于是否注重细节上。正如李克强总理所说："'中国制造'享誉全球，国内消费者所享受的产品和服务，总体上也符合当前的社会发展水平，但严格讲，这些产品和服务还不够'精'、不够'细'。我们与发达国家的差距，很大程度就表现在产品服务的质量和精细程度方面。中国要向中等发达国家迈进，必须要跨越这个'坎'！"同学们，我们是未来的产业大军，是高素质的人才，这个"坎"需要我们跨过去。到那时，"中国制造"一定会走向"优质制造""精品制造"。

总之，我们今后不管做什么样的事情，都要关注细节。因为细节无处不在，细节是成功背后的基石，细节决定成败！

注重细节　让他由穷小子变成亚洲富翁

王永庆曾是台湾地区的首富，他的事迹几乎无人不晓。那个将台塑集团推进到世界化工业前50名的人就是他。王永庆小时候因为家贫而读不起书，小小年纪就开始做买卖。王永庆16岁时，就到嘉义市开了一家米店。那时嘉义市已有近30家米店，竞争非常激烈。王永庆当时仅有200元资金，所以只能选择在一条偏僻的巷子里租一个很小的铺面。由于他的米店开得晚，规模又小，和其他的米店相比没有任何优势。在刚开张的那段日子里，他的店里生意非常冷清。

为了打开市场，王永庆带着米挨家挨户去推销，但这种方法收效甚微。因为很少有人愿意去买一个小商贩上门推销的米。那么，究竟如何才能吸引顾客呢？王永庆决定从米上寻找突破口。当时的嘉义市，农业机械化程度不高，收割稻谷与稻谷加工的技术相对落后，米里掺杂了很多诸如秕糠、砂石之类的颗粒物。人们在淘米时很不方便。但大家都习以为常，见怪不怪了。

王永庆却从这里发现了商机。他决定把夹杂在米里的秕糠、砂石一个一个地拣出一寸光阴一寸金，寸金难买寸光阴。

来，然后再把米卖给顾客。这种细微的改变，让他家米店的生意开始兴隆起来，小镇上买米的人都说王永庆店里的米质量好，淘米时很方便。大家口口相传，王永庆米店的生意越来越好。

王永庆并没有就此停下脚步，而是继续寻找商机。经过一段时间的观察，他发现顾客都是自己从店里买米后拿回家，这对年轻人来说轻而易举，但对老年人来说则举步维艰，而买米的恰恰大多是老年人。王永庆又想到一个不错的主意——给客户送米上门。此后，“送货上门”成了王永庆米店的特色服务，这种服务方式得到了顾客的一致认同。

王永庆送米，一定会把米送到顾客家的米缸里。如果米缸里还有米，他就会先把原有的米倒出来，擦干净米缸，再倒进新米，然后把拿出来的米倒回去，这样就能使原来的米不因存放时间过长而变质。这种精细、温馨的服务令顾客非常感动，找他买米的顾客也越来越多。

如果送米给新顾客，王永庆就会细心询问对方有多少家庭成员，大人和小孩各几个，每人的饭量大约是多少。同时，他会记一年之计在于春，一日之计在于晨。

下这户人家米缸的容量，据此推断这户人家下次买米的时间，并把了解到的情况详细地记在本子上。根据这些记录，他能准确地估算客户家里什么时候需要购米，然后主动把米送到顾客家里。

王永庆务实、精细的服务，赢得了更多的顾客。大家都知道，在米市不起眼的一个小巷里，有一个卖好米又送货上门的米店，老板的名字叫王永庆。王永庆米店的知名度越来越高，生意更加红火。一年后，他有了固定的客源，有了一定的资金，便打算自己创办碾米厂，他在闹市区租了一个大房子，外间做店铺，里间做米厂。

王永庆从小小的米店生意做起，后来慢慢成了台湾家喻户晓的企业家。

☞ 案例反思：（1）王永庆创业成功的秘诀是什么？

（2）王永庆的成功给我们什么启示？

忽视细节　让她错失就业机会

一家公司招聘一名营销经理，年薪有18万元，看到这个信息，拥有5年工作经验的小杨决定去应聘。经过一番激烈的“厮杀”，她终于从众多应聘者中脱颖而出，并有机会见到总裁。

那天，小杨自信满满地来到总裁办公室。总裁不在里面，只见一位带着职业微笑的年轻女秘书，她对小杨说："女士，您好！总裁外出办事，他让您给他打个电话。"

小杨马上掏出手机，准备拨号码。与此同时，小杨看见办公桌上的两部电话机，就问秘书："我能借用吗？"

"当然可以。"女秘书微笑着回答小杨。

小杨顺手拿起了电话，联系上总裁。总裁在另一端高兴地说："小杨啊，我仔细研究了你的简历，看了你招聘时的表现，你是个优秀的年轻人……我代表公司欢迎你加入本公司。"

得到明确的答案后，小杨十分高兴，想把这个好消息分享给好友。但此时，好友去国外出差了。小杨想拿自己的手机打电话给好友，却又犹豫了：国际长途电话费很贵。这时，小杨又看到了那两部电话机，心想：我马上就要成为该公司的员工了，用公司电话也说得过去吧。于是小杨又拿起办公桌上的电话："喂，小张吗？我要和你分享一个好消息，我已经……"

这时候，另一部电话机突然响起。

书山有路勤为径，学海无涯苦作舟。

“女士，您的电话。”女秘书继续保持职业微笑。

“小杨，你好！刚才我对你说的话作废。因为，你没能闯过最后一关……”总裁礼貌地对小杨说。

小杨追问道：“我做错了什么？”

女秘书看了看我，摇着头惋惜地说：“唉，你身上明明有手机，干吗不用呢？”

☞ 案例反思：（1）小杨为什么会错失就业良机？

（2）在学习和生活中，你如何学会做个注重细节的人？

自我对照修炼法

（1）你是否只认真对待自己感兴趣的事，对其他事则得过且过？

（2）你是否有学生阶段不用注重细节，到了职场自然会注重细节的想法？

（3）你是否有制订计划并严格按计划办事的习惯？

（4）你会因别人的评价而改变自己对一个人的看法吗？

（5）为了把每一件事情做到尽善尽美，

你打算付出哪些努力？

（6）你是否像艺术家研究艺术品一样，仔细研究生活、学习领域的各个细节？

（7）在学习和生活中，你是否做到了全心全意、尽职尽责？如果没有做到，你认为可以从哪些方面加以改善？

实践提升

（1）从现在开始，培养自己严谨的做事态度。学会从小事做起，并把小事做好。

（2）读一本关于细节决定成败的书籍，体会细节对人的成长、企业的发展、国家的强大的重要性，从而养成注重细节的好习惯。

经验分享

亲爱的同学，把你在修炼该习惯的过程中总结的独到经验和做法写下来，在班级中进行交流，让大家一起分享你的快乐吧。

锲而舍之，朽木不折；锲而不舍，金石可镂。

10. 持之以恒

修炼目标

（1）认识持之以恒的重要性，养成持之以恒的好习惯。

（2）确定好自己的人生目标，持之以恒，不断努力，成功终究会属于你。

案例分享

人们都想在学业或事业上有所成就，遗憾的是，只有一部分人尝到了胜利的果实，而另一部分人尝到的是失败的滋味。为什么呢？“骐骥一跃，不能十步；驽马十驾，功在不舍。锲而舍之，朽木不折；锲而不舍，金石可镂！”这句话告诉我们：成功的秘诀不在于一蹴而就，而在于你是否能够持之以恒。一个人要想取得学业或事业上的成功，除了个人的努力之外，持之以恒也是实现这一目标的重要条件。

持之以恒对一个人的成功如此重要，但为什么很少人能够做到呢？其实，同学们都有过这种经历。确定好目标时，大家跃跃欲试，信誓旦旦；刚开始付诸行动时，大家满怀信心，劲头十足；行动一段时间之后，大家疲惫不堪，踌躇不前；再经过一段时间之后，大家已经垂头丧气，放弃行动了。原来目标的实现不是一帆风顺的，它在实施的过程中必定会遇到各种各样的困难。如果你在困难面前轻易低头，向困难屈服，无法坚持下去，那么你注定就是一个失败者；如果你在困难面前勇敢抬头，相信自己一定能坚持下去，那么你便是一个胜利者。其实，你在困难面前进行抉择时，就是在选择继续坚持还是放弃你的行动。可见，当我们遇到挫折时，持之以恒就是明智的选择。

“人贵有志，学贵有恒。”这个道理是千百年来人类在实践中总结出来的。它深刻地阐明了人最可贵的是有志向，最难得的是持之以恒。同学们，当我们在学习和生活中，确定了目标之后，一定要学会坚持下去，无论这条道路是多么漫长，多么崎岖。我们都要在心中点燃一盏灯，告诉自己：不要放弃！彩虹不也是要在风雨之后才能看到的吗？用持之以恒的力量让风雨离去，不要轻言放弃，否则对不起自己。

切木板

他是一位名人，经常有人问他成功的秘

路漫漫其修远兮，吾将上下而求索。

诀是什么？他总会说起小时候的一件事情。

小时候的他，既没有恒心，又没有毅力，只要碰到一点困难，就会放弃。其实，他只要稍微坚持一下，事情就能完成，但他就是缺少那么一点意志力和耐心。

一天，他拿到了父亲给他的一把小刀和一块木板。父亲要求他在木板上切一条刀痕，然后反复强调：在木板上只能切一刀。当时，他以为这只是一个小小的游戏。

从那天之后，父亲每天都要他在切过的刀痕上再切一刀。

有一天，他终于忍不住问父亲："为什么我不能一下子多切几刀呢？而一定要每天切一刀呢？我实在不知道您到底想让我干什么！"

父亲没有回答，只是微笑着对他说："不要急，过一阵子你就会明白了。"

日子一天天过去了，木板上的刀痕越来越深。就在某天早晨，他一刀切下去，木板就被切成了两半。

"爸爸，木板被切断了。"幼小的他兴奋地挥舞着手中已经被切成两半的木板。

"对啊！"父亲回答完，忽然问道，"儿子，这次你和平常一样，朝木板切了一刀，宝剑锋从磨砺出，梅花香自苦寒来。

为什么能把木板切成两半呢？”

“因为在这之前我已经切了很多刀了。”他不假思索地答道。

“如果你只切了一刀，并且十分用力，木板会不会被切成两半？”父亲又问。

“肯定不会。”他摇着头说。

“好孩子，你回答得不错！”父亲意味深长地说，“所以，你要记住，做事的成败，并不是用很大的力气一下子就能完成，而在于日积月累，持之以恒。”

这句话像一道闪电，击中了他幼小的心灵，照亮了他之后的人生之路。

☞ 案例反思：（1）木板一刀切下去就能被切成两半的原因是什么？

（2）我们做事为什么要持之以恒，它与成功之间有何联系？

每天甩臂300次

苏格拉底是古希腊伟大的哲学家，他思维敏捷，思想深邃，为人谦和，又关爱众生。许多年轻人慕名而来向他学习，希望自己能像老师一样有智慧。有些天资聪颖、天赋极高的年轻人，希望自己能成为苏格拉底哲学思想的继承者。

勿以恶小而为之，勿以善小而不为。

一天，苏格拉底给学生们布置了一个任务，要求他们每天甩臂 300 次，还给学生做了示范。学生们愉快地接受了任务，一致认为这是一件简单的事情。

到了第二天，苏格拉底问学生："昨天谁甩臂 300 下？做到的同学请举手！"几十名学生一个不落地举起手。一周后，苏格拉底又问："这周谁每天甩臂 300 下？做到的同学请举手！"大家又都举手了。一个月之后，苏格拉底问学生："这个月哪些同学坚持每天甩臂 300 下？"有百分之九十的学生举起了手。

一年后，苏格拉底再次问大家："最简单的甩臂动作有哪些同学坚持了？请大家告诉我。"这时，只有一名学生举起了手，他就是柏拉图，后来成为古希腊另一位伟大的哲学家，成为苏格拉底哲学思想的继承者，同时创建了自己的哲学体系，并培养出了另一位伟大的哲学家亚里士多德。

每天甩臂 300 下，看似简单，但天天坚持并非易事，因为做这件事情的过程就是对人意志的考验。一如既往地做好简单的事情，是坚持，也是积累，时间长了，便会内化为人的一种韧性。

老吾老，以及人之老；幼吾幼，以及人之幼。

柏拉图能成为伟大的哲学家靠的并不是每天坚持甩臂300下，而是做事情持之以恒的态度和坚强的意志。

☞ 案例反思：（1）每天甩臂300下，你能做到吗？

（2）请你准备一个本子，记录持之以恒给你带来的收获。

自我对照修炼法

（1）你有梦想吗？你的梦想是什么？

（2）你打算什么时候实现你的梦想？

（3）你对自己有信心吗？

（4）面对困难你是选择继续努力，还是选择放弃？

（5）你渴望成功吗？你觉得成功需要付出多少努力？

（6）你喜欢自己的学校吗？

（7）对于学校的校纪校规和班级的班规，你都做到了吗？

（8）你能每天见到老师都说“老师好”吗？

（9）不管是在生活方面，还是在学习方面，你能做到自己的事情自己做吗？

（10）你一天能把多少时间放在学习上？

（11）你喜欢现在所学的专业吗？

（12）你了解所学专业需要的技能证书吗？你觉得怎样才能取得技能证书？

（13）如果让你去参加专业技能竞赛，你愿意吗？你觉得怎样才能在比赛中取得好的成绩？

（14）毕业以后，面对一个新的环境，面对强烈的竞争，你如何让自己在公司立足？

（15）在学习、生活和其他方面，你觉得你是否做到了持之以恒？如果没有做到，你觉得自己还需要在哪些方面加以改善？

实践提升

（1）从现在开始，确立好自己的梦想和目标，当你坚持不下去的时候，记住常常问问自己“我这一生最大的梦想是什么？”“我打算在什么时候实现它？”“为了实现这个梦想，我应该做些什么事情，付出多大的努力？”只要你肯为之不断努力，梦想总有一天会变成现实。

（2）多读一些名人成功的励志书籍，体

会持之以恒对成功的重要性，养成做任何事情都要持之以恒的好习惯。

经验分享

亲爱的同学，把你在修炼该习惯的过程中总结的独到经验和做法写下来，在班级中进行交流，让大家一起分享你的快乐吧。

第三篇 人际交往篇

11. 守时重诺

修炼目标

（1）养成守时重诺的好习惯，为良好的人际关系做好铺垫。

（2）学会以身作则，影响他人，在身边营造一个守时重诺的氛围。

案例分享

孔子说“人无信不立”，孟子说“言而有信，人无信而不交”。守时重诺既是一种美德，也是建立信誉的第一步。守信先从守时开始，时间是解决问题的核心，也是成功的关键。上学时，你能否准时坐在教室；上班时，你能否准时坐在办公桌前；约会时，你能否准时到达约会地点……守时已成为现代人必备的素质之一。但是，不守时的情况经常在我们身边发生。通知了几点上课，却总有那么几个人迟到；开会时间已到，仍有人不见踪影；要求什么时间完成任务，但总有人不能按时完成……如果不守时，既浪费了自己的时间，更浪费了别人的时间。

守时重诺是做人的基本准则，体现了自身的人格魅力。俗话说“一诺千金”，在生活中，人许诺的事应该是自己能够做到并且必须做到的事。一旦你对别人许下了诺言，就要努力去实现，即使做不到也要向别人交代清楚原因。如果别人拜托你做一件事，你做不到可以不做；但如果你答应了，就要尽全力去做。言而无信的人在交往中会处处碰壁，因为没有人会相信他；而讲信用的人则会受到人们的依赖和尊重，从而建立起友好关系，协同合作。

守时重诺是人际交往中的基本原则。是否守时，是否重诺，表现出你对他人的礼貌和尊重，关系到你和对方能否顺利交往，以及你能否获得对方的信任。忽视这条原则的话，一旦你处于困境之中，就不会有人愿意出手相助。因此，我们要做一个守时重诺的人，守时重诺的人会赢得每一个人的好感。

对不起，我失约了

美国百事可乐公司的总裁卡尔·威勒

聪明在于勤奋，天才在于积累。

欧普成功创业、发家致富的法宝是人人都知道，但未必人人都能做到的两个字——“诚信”。

一次，美国科罗拉多大学邀请他去做演讲，这次演讲对他而言非常重要，因为眼前的大学生们将是他企业发展的新鲜血液，所以他兴致极高地从求学讲到了谋生，又讲到了创业、商业成功的法则。正当他滔滔不绝地演讲时，一个人推门径直走上讲台递给他一张名片，那张名片背面写了这么一句话：“您和杰克·凯非勒在下午4点有约。”

卡尔·威勒欧普猛然回忆起来，原来他光顾着演讲，完全没注意到时间早已过了与杰克·凯非勒约定的4点。虽然杰克·凯非勒只是一个名不见经传、想向他取经的小商人，虽然眼前的大学生们对他的事业发展至关重要，但卡尔·威勒欧普依然毫不犹豫地抱歉道：“我很想与你们多谈一会儿，但是我有一个约会，现在已经迟到了。我需要赶去向他道歉，所以只能先对你们说抱歉了。”

见到杰克·凯非勒时，卡尔说的第一句话便是：“对不起，我失约了。为了表示歉意，我将延长原计划与您谈话的时间。”

这件小事让杰克·凯非勒甚为感动。后

来，他成为百事可乐的第一大经销商。

☞ 案例反思：(1) 卡尔·威勒欧普为什么会向一个名不见经传、想向他取经的小商人道歉？

(2) 如果你是卡尔·威勒欧普，你会怎么做呢？

迟到的艺术

刘敏是某公司的兼职打字员，这天上班时，她发现手头上需要打出的材料还未完成，但马上就要到截止日期了。一直忙于其他事务的刘敏很是着急，夜以继日地赶了一周后，那满满两大包的材料终于要见底了。可是算来算去，如果按照公司规定的周五下午4点之前交过去，还是时间紧了点。于是，她打电话给部门经理说："王经理，我有点急事，可能要晚一点到，请您多等一会儿！好吗？""大概多长时间？"王经理在电话里问道。刘敏心想：再晚3个小时肯定能完成。但为了避免对方不高兴，她打了个折扣说："最多2个小时吧，我大概6点能到。"对方应了一声就挂断了电话。

最后，刘敏用2个小时打完了所有材料，不巧的是，她在送材料的路上又赶上堵伟大的思想能变成巨大的财富。

车，最后7点才赶到约定地点。王经理拿到材料时什么都没说，但是满脸的不高兴。显然，刘敏最后失去了这份兼职工作。

☞ 案例反思：在这种情况下，我们应该怎么做才能让对方满意呢？

自我对照修炼法

（1）你对自己的人际交往满意吗？

（2）你能做到每天准时上下学、准时交作业、准时完成老师布置的任务吗？

（3）你每次赴约都会准时到吗？

（4）你迟到过吗？你迟到时是如何应对的呢？

（5）你失信过他人吗？

（6）你会轻易许下承诺吗？

（7）你会为履行诺言承担责任吗？

（8）你会允诺他人超出自己能力范围的事吗？

（9）你会尽全力兑现自己的诺言吗？

实践提升

（1）从今天起，提醒自己做一个守时的

好学生。在生活中、学习上，甚至在未来的职场上都对自己严格要求，讲信用，守时间。

（2）以身作则，带头示范，给他人树立守时重诺的好榜样。

经验分享

亲爱的同学，把你在修炼该习惯的过程中总结的独到经验和做法写下来，在班级中进行交流，让大家一起分享你的快乐吧。

科学的种子，是为了人民的收获而生长的。

12. 学会赞美

修炼目标

（1）养成赞美他人的习惯，用真诚的赞美拉近与他人的距离。

（2）学会一些赞美的方法和技巧，使自己拥有更多的朋友。

案例分享

每个人内心深处都有一个愿望，那个愿望就是：受到别人的赞美。威廉·詹姆斯曾说："人性中最深刻的禀赋是被人赏识的渴望。"赞美是对人们精神的激励和心理的疏导，能够调动人们的工作热情，帮助人们树立信心，指引人们向光明的前途迈进。

我们可以在自己的能力范围之内，增加这个世界里的快乐，多赞美别人。具体应该怎么做呢？对寂寞失意的人说几句真诚赞赏的话。或许，明天你就忘了今天所说的话，但是听者可能一生都倍加珍惜。由衷的赞美，是最令对方温暖的礼物，它的价值是无法估计的。当你用心观察到对方的优点，并且发自真心地表达赞美时，友善的关系便在科学如同大海，要求奋不顾身地拼搏。

一言一语中逐渐建立起来了。

古今中外，赞美别人、欣赏别人、尊重别人和诚恳待人的人，没有一个不是获得人们肯定评价的。赞美别人的人，通常拥有健康乐观的心态，拥有一颗宽宏大量和充满爱意的心。他们之所以能赞美别人，是因为真切体会到了上帝赋予人类的美的真正含义。当别人陷入困境时，他们便会伸出温暖而真诚的友谊之手。

学会赞美别人，把赞美当成一种习惯，别人的优点和长处都值得我们给予由衷的赞美。赞美别人会拉近我们和他人的距离，使自己拥有更多的朋友，朋友多了路好走。

上校的改变

艾伦是美国著名的绩效管理顾问，曾经担任过美军陆军部的训练军官。在那段时间里，她曾经遇到一位一直和她“作对”的上校。上校非常不同意她的“激励训练法”，认为这不过是耍人的小把戏而已，只会让人笑话。艾伦不管怎么解释，上校就是不以为然，弄得艾伦很是为难。

可是有一天，上校忽然莫名其妙地改变了对艾伦的态度，非但不再反对她的训练方道德应当成为科学的指路明灯。

法，还在训练时对她频频称赞。艾伦一下子糊涂了，这是怎么一回事呢？直到一个月后，艾伦遇见鲍尔将军，才明白了其中的缘由。

原来一个月前，鲍尔将军指派这位上校负责一份非常重要的工作，他做得非常出色，将军决定对他予以嘉奖。究竟奖励什么好呢？将军冥思苦想，忽然想到一个好主意：赞美他一下。于是，鲍尔将军找来一张空白的红色卡片，正面写上“做得好”，反面则列举出上校在工作中完成最出色的几点。刚写完，上校便走了进来，将军先是当面称赞了他一番，然后把小卡片递给了他。

没想到，上校把卡片拿在手里，左看右看，笑容逐渐变得僵硬起来。过了好一会儿，他头也不抬地走出了办公室。

“怎么了？”鲍尔将军很是纳闷，“难道是我做错了什么吗？”想到这里，他立刻跟了出去。原来上校美滋滋地拿着那张小卡片四处转悠，跑到每个办公室都炫耀了一番。

听到这里，艾伦明白了。看来，只有让对方亲自体验到被赞美的快乐，才能令他心服口服。

故事到此并没有结束。后来，那位通过被赞美得到快乐的上校变成了一个喜爱赞美科学的伟大进步，来源于崭新与大胆的想象力。

他人的人，甚至经常模仿将军那张小卡片的样子设计了很多张“荣誉卡”，每逢谁需要赞美就给他一张。事实证明，这个方法真的很管用，它让上校的工作进展得越来越顺利。

☞ 案例反思：（1）上校为什么会改变对艾伦的态度？

（2）你是怎么赞美你身边的人的呢？

为国王画像

从前，有一位不幸的国王，在遭遇了野兽的袭击后失去了一只眼睛，瘸了一条腿。

按照这个国家的传统，新国王继位之后，老国王的画像要挂在新国王的宝座后面。这位国王眼看着自己日益衰老，离退位之日越来越近，给他画像成了所有大臣最头疼的事。

经过一个月的努力寻找，三位技艺高超的画匠被请到了宫中。两个小时之后，三位画匠交上了自己的作品。

国王打开第一幅画：只见自己站在华贵的地毯上，一只手拄着拐杖，另一只手往前伸着，好像正与大臣们商议着政事，可是他那只瞎了的眼睛和那条瘸了的腿也被看得清清楚楚。国王看了很是生气，二话不说就把科学是永无止境的，它是一个永恒之谜。

这位画师赶出了皇宫。

第二幅画是这样的：国王一身戎装，气度不凡，英姿飒爽，而且双眼明亮，双腿笔直。国王看了之后，依然紧紧地皱着眉头，挥手让这位画师也出了皇宫。

当打开第三幅画时，国王顿时大喜，立刻宣布任命这位画师为皇宫御用画师，从此专门为皇室画像。为什么国王会如此青睐他呢？大臣们偷偷地打开了那幅画，原来第三幅画是这样的：国王正在打猎，一只脚踩在一块石头上，一只眼睛闭着正在瞄准远处的猎物。

☞ 案例反思：（1）如果你是画师，你会如何为这位国王画像呢？

（2）你有哪些赞美的方法？

自我对照修炼法

（1）你经常得到他人的赞美吗？

（2）你会对身边有自卑感或身处逆境的人说几句赞美的话吗？

（3）你选择将赞美的话放在心里还是说出来？

（4）你在日常生活中爱找别人的缺点，

知识不存在的地方，愚昧就自命为科学。

爱挑别人的毛病吗？

（5）你会发现别人的优点并给予由衷的赞美吗？

（6）你觉得你的生活快乐吗？你会赞美生活吗？

（7）你会赞美自己吗？

（8）你平常是怎么赞美他人的呢？

（9）你觉得赞美和奉承有哪些区别？

实践提升

（1）请仔细看看你身边所遇到的每一个人，寻觅他们值得赞美的地方，加以赞美，并把赞美他人变成一种习惯。

（2）了解一些赞美的方法和技巧，用恰如其分的方法去赞美他人吧。

经验分享

亲爱的同学，把你在修炼该习惯的过程中总结的独到经验和做法写下来，在班级中进行交流，让大家一起分享你的快乐吧。

科学是实事求是的学问，来不得半点虚假。

13. 懂得尊重

修炼目标

（1）学会不轻视他人，不轻视每一份职业，养成积极思考和积极处事的习惯。

（2）养成尊重他人、尊重自己的好习惯，善待每一位你接触到的人。

案例分享

苏联教育家苏霍姆林斯基说过，只有尊重别人的人，才有权受人尊重。尊重他人先是尊重他人的人格，包括尊重别人的习惯、兴趣爱好、生活方式等。尊重是一种修养、一种品格、一种对他人价值的充分肯定、一种对别人不卑不亢的平等相待。任何人都不可能尽善尽美、完美无缺，你没有理由以高山仰止的目光去审视别人，也没有资格用不屑一顾的神情去嘲笑他人。关心别人、尊重别人必须具备高尚的情操和磊落的胸怀，当你用诚挚的心灵使对方在情感上感到温暖、愉悦，在精神上得到慰藉、满足，你就会体验到一种美好、和谐的人际关系，你就会拥有很多的朋友，并最终获得成功。

人借助于科学，就可纠正自然界的缺陷。

学会尊重每一个人，无论他的身份和工作多么卑微，我们都应该尊重他，这是我们应该具备的品质。要知道，尊重没有高低贵贱之分，尊重别人就是尊重自己，敬人者人恒敬之。

我们在与人交往时，往往更愿意接近那些权势大、地位高的显赫人物，却不把小人物放在眼里，但事实上，能对我们产生重大影响的常常是那些毫不起眼的小人物。请不要轻视任何人，任何人都有他的优点和特长，你的弱项可能是他的强项，没准关键时刻能给你帮助最大的正是这些平时最不起眼的朋友。同时，也不要轻视一个人的职业，每一份职业都有它不容忽视的价值。当你轻视别人的时候，别人同样也会轻视你，所以请丢掉你轻视别人的习惯，尊重和善待每一个你接触到的人。

捡纸的老人

这是一个在美国民间流传很久的故事。某天下午，一位穿着时髦的中年女人带着一个小男孩走进了美国著名企业亚联集团总部楼下的花园。他们坐在一张长椅上，中年女人一脸生气的样子，不停地数落着这个小男孩。不远处，一位白发苍苍的老人正在打扫卫生。

小男孩终于忍受不了中年女人的责骂声，伤心地哭了起来。中年女人从随身的挎包里揪出一团白花花的卫生纸，为小男孩擦干眼泪，随手就把卫生纸丢在地上。老人瞅了中年女人一眼，中年女人也满不在乎地看了老人一眼。老人什么话都没说，走过来捡起地上的那团卫生纸扔进了一旁的垃圾桶里。

中年女人不停地责骂，小男孩一直也没有停止哭泣，过了一会儿，中年女人又把擦眼泪的卫生纸扔在了地上。老人再次走过来把那团卫生纸捡走了，然后又回到原处继续工作。老人刚弯下腰准备继续清扫时，中年女人又丢下了第三团卫生纸……就这样，中年女人总共扔了六七团卫生纸，老人也不厌其烦地捡了六七次。突然，中年女人指着老人对小男孩说："你都看见了吧！如果你现在不好好上学，将来就会跟他一样没出息，做这些既卑贱又肮脏的工作。"

老人依旧没有动怒，平静地对中年女人说："夫人，这是亚联集团的私家花园，只有集团员工才能进来。"中年女人理直气壮智慧、勤劳和天才，高于显贵和富有。

地说道："那是当然，我是亚联集团所属分公司的部门经理，就在这座大楼上班！"她一边说一边拿出一张名片丢在了老人的身上，老人从地上捡起名片，扔进了垃圾桶里，并且从口袋里掏出手机拨了一通电话。中年女人十分生气，正要理论时，发现一名男子急匆匆地走过来，恭恭敬敬地站在老人面前。老人对男子说："我提议现在免去这位女士在亚联集团的职务！""是，我立刻按您的指示去办！"男子连声应道。老人说完径直朝小男孩走去，温和地对他说："人不光要懂得好好学习，更重要的是要懂得尊重每一个人。"说完后，便朝亚联集团总部大楼走去。

中年女人由生气变成惊讶，她认识这名男子，他是亚联集团所有分公司的总监。"你……你怎么会对一个清洁工这么毕恭毕敬呢?"她惊讶地问道。男子用同情的眼光对中年女人说道："他不是什么清洁工，而是亚联集团的总裁。"中年女人一下子瘫坐在长椅上。

☞ 案例反思：（1）中年女人为什么会失去她的工作?

（2）从这则故事中，你能吸取哪些教训?

没有智慧的蛮力是没有什么价值的。

业务员的一次失误

马力是一位很出色的业务员，口才十分突出。在一次展销会上，他认识了一位贸易公司的经理。他马上抓住这次难得的机会展开了推销攻势。马力将自己工厂生产的空调的功能和特点详尽地介绍给他，经理听得直点头。就在这时，贸易公司的一个职员来找经理说事，可马力连招呼都没跟对方打，只是冷冷地看了他一眼。贸易公司的经理让马力回去听信，两天之内给他答复。马力自信十足地等着，没想到却接到了对方婉言谢绝的电话。

原来马力冷落的那个职员不是别人，正是贸易公司的采购员，因为看不惯马力如此势利，当经理问他马力工厂生产的空调如何时，采购员淡淡地说了句："没感觉好，听说质量较差，容易坏。"经理听了这话就打消了批量采购的打算，而马力始终也没弄明白问题出在哪儿。

☞ 案例反思：(1) 马力这次推销失败的原因在哪儿？

(2) 当你步入职场后，该怎么建立和谐的人际关系呢？

智慧意味着以最佳的方式追求最高的目标。

自我对照修炼法

（1）你会用心、耐心地听他人说话吗？

（2）你听到别人的批评时，是会激动地反驳，还是会平静地听对方把话说完？

（3）一旦妨碍了他人，你会及时道歉吗？

（4）当你的意见与他人的意见产生分歧时，你会固执己见，还是会考虑一下他人的想法？

（5）你是否会对上级极为恭顺，对下级盛气凌人？

（6）你是否会轻视一个人，或者轻视一个人的职业？

（7）你是否会把平凡的普通人放在眼里？

（8）你是否会尊重他人的劳动果实？

（9）你是否会尊重他人的生活习惯、兴趣爱好等？

实践提升

（1）请丢掉你轻视他人、轻视他人职业的习惯，尊重和善待每一位你接触到的人。

科学的伟大进步，来源于崭新与大胆的想象力。

（2）尊重他人，尊重自己，提升自己的修养和品格，为自己建立和谐的人际关系。

经验分享

亲爱的同学，把你在修炼该习惯的过程中总结的独到经验和做法写下来，在班级中进行交流，让大家一起分享你的快乐吧。

无知会使智慧因缺乏食粮而萎缩。

14. 宽容大度

修炼目标

（1）学会与人为善，与他人和睦相处、互相学习、共同进步，为自己赢得友谊。

（2）学会宽容大度，不断提升自身涵养，养成良好的人际交往习惯，塑造健全的人格。

案例分享

法国大作家雨果说过：“世界上最宽阔的是海洋，比海洋更宽阔的是天空，比天空更宽阔的是人的胸怀。”宽容是每个成大事的人所必须具备的素质，一个人只有学会宽容，才有包容万物的气度，才能拿得起，放得下。

学会宽容大度，意味着你不会再为他人的错误而惩罚自己。生气的根源不外乎是别人做的事侵犯或伤害了你的利益和自尊心等，于是你勃然作色，怒从心中起。这种反应无非是在惩罚自己，实在不值得。

学会宽容大度，意味着你不会再心存芥蒂，拥有一份潇洒的风采。既要宽容地与别人相处，又要宽容地接受各种思想，如果一味地想要将自己的思想强加给别人，改变别人，那么只会给自己带来烦恼。

学会宽容大度，意味着你不会再患得患失。宽容的人善于发现别人的优点，肯定别人的长处，所以他的朋友多；宽容的人善解人意，能够体谅别人，尊重别人，所以愿意与他合作的人多；宽容的人爱记住别人的好处，总是心存感激，所以乐意帮助他的人多；宽容的人能与人同乐，给人快乐，自己也快乐，所以他的快乐比别人的快乐多；宽容的人对别人宽容时，必定对自己宽容，因而计较得少，知足常乐，所以他的“财富”多。

宽容大度是一种开朗的心境，是一种心智极高的修养，是一种至高的精神境界，也是一种对待人世的态度。只有宽容大度的人，才能够不断完善自身的发展，提升自身的素质。习惯宽容，学会大度，我们的生活才会充满阳光。

半壶水

丹麦和瑞典曾在 17 世纪为了争夺领土发生过剧烈的冲突。

良好的人生是受行动和智慧指导的。

一天下午，一场激烈的战役刚刚结束，战场上尸横遍野。一个掉队的丹麦士兵找了块空地坐了下来，准备取出水壶解渴。忽然，他听见不远处传来了一阵又一阵的哀号声，跑过去一看，原来是一个受了重伤的瑞典士兵被饥渴所折磨，正眼巴巴地盯着他手中的水壶。

“他比我更需要水。”丹麦士兵自言自语道。随即，他站起身，将水壶送到瑞典士兵的口中。谁知瑞典士兵竟然冷不防地伸出长矛来刺他，幸好矛头偏了一点，只伤到了他的手臂。

看着被刺的左臂鲜血直流，丹麦士兵伸出右手抓住水壶，一边给瑞典士兵喂水一边“责备”说：“喂，兄弟，你怎么可以这样回报我呢？本来我是要把整壶水给你喝的，为了表示‘惩罚’，现在只能给你喝一半了。”

后来，这件事被丹麦国王知道了，丹麦国王专门召见了这个士兵，问他为什么不把那个忘恩负义的家伙杀掉？他轻松地答道：“因为他受伤了，而我已经‘惩罚’了他——只给他喝了半壶水。”

☞ 案例反思：（1）如果你是这个丹麦士兵，

与智慧相伴的是真理，智慧只存在于真理中。

你会拯救这位受伤的瑞典士兵吗？

（2）当对方做出忘恩负义之事时，你会怎么做？

禅师的教诲

一天，一位禅师正要出门时，突然闯进一位身材魁梧的大汉。他狠狠地撞在禅师身上，直接戳青了禅师的眼皮，把禅师的眼镜也撞碎了。

撞人的大汉毫无羞愧之色，理直气壮地说："谁叫你戴眼镜的？"

禅师笑了笑，没有说话。

大汉觉得很惊讶，继续问："喂！和尚，你怎么不生气呀？"

禅师借机开示说："为什么一定要生气呢？生气既不能让眼镜复原，又不能使眼睛的淤青消失、苦痛解除。再说，生气只会扩大事端，如果我对你破口大骂或者发火动粗，必定不会化解事端，还会造成更多的业障和恶缘。"

"若我早1分钟或迟1分钟出门，都会避免相撞，或许这一撞化解了一段恶缘，还要感谢你帮我消除业障呢！"

大汉听后十分感动，他问了禅师的称号

由智慧所养成的习惯能成为第二本性。

和许多关于佛学的问题，然后若有所悟地离开了。

事情过了很久之后，一天禅师接到一封挂号信，信内附有 5 000 元钱，是那位大汉寄来的。

原来大汉读书时不知勤奋努力，毕业之后，在事业上高不成低不就，十分苦恼，婚后也不知善待妻子。

一天，他上班忘了拿公文包，中途返回家中去取，不料却发现妻子与一名男子在家中谈笑。他冲动地跑进厨房，拿了菜刀，想先杀他们，然后自杀，以求了断。

正当那名男子惊慌失措地回头时，脸上的眼镜掉了下来，那一瞬间，他想起了禅师的教诲，开始慢慢冷静下来反思自己的过错。

从那以后，大汉生活得很幸福，工作也得心应手。所以他特地寄来 5 000 元钱，一方面为了感谢禅师的开导之恩，另一方面也请求禅师为他祈福消业。

☞ 案例反思：(1) 你从这则故事中学到了哪些道理？

(2) 今后在职场和生活中，你将如何对待他人？

自我对照修炼法

（1）你与别人产生误会、摩擦时会怎样做呢？

（2）你憎恨过他人吗？

（3）在遭到别人的伤害时，你会如何处理呢？

（4）你如何对待你的竞争对手？

（5）你会经常换位思考吗？

（6）你会为他人的错误而生气吗？

（7）你懂得忍让吗？

（8）你会原谅他人的过失吗？

（9）你会患得患失吗？

（10）你会计较过去的旧事吗？

（11）你能做到心存感激、知足常乐吗？

（12）你会原谅曾经伤害过你的人吗？

实践提升

（1）学会宽容，不斤斤计较，与人为善，得饶人处且饶人，心平气和地对待发生过的每一件事。

（2）心胸宽阔，心存感激，养成良好的人际交往习惯，培养健全的人格。

经验分享

亲爱的同学，把你在修炼该习惯的过程中总结的独到经验和做法写下来，在班级中进行交流，让大家一起分享你的快乐吧。

15. 诚信待人

修炼目标

（1）养成待人真诚的好品质，面对诱惑，不为之心动，不为其所惑。

（2）学会诚信待人，敢于承认并改正自己的错误，让自己拥有良好的信誉，为自己赢得他人的信任。

案例分享

古人云：“对人以诚信，人不欺我；对事以诚信，事无不成。”人无信不立，诚信是人生成功的基石。在这个世界上，一个人也许会一无所有，但只要他拥有诚信，就能得到别人的帮助，就能东山再起；一个人虽然拥有财富和能力，但如果愚弄他人，失信他人，最终也将一事无成，被人唾弃。人生在世，重要的是行得正，坐得直，永远不欺诈，永远不骗人，这既是做人的基本准则，也是成功的关键。

“说老实话，办老实事，做老实人。”这是老一辈人的人生信条。但在生活中，我们常常会说身边的某某挺虚伪的，意思就是说这个人待人不真诚。随着时间的推移，这样的人就会慢慢被人疏远，也得不到别人的真诚对待。一个不以诚信待人的人，谁又会对他付出真心呢？

面对诱惑，不怦然心动，不为其所惑，虽平淡如行云，质朴如流水，但这是一种闪光的品格——诚信。诚信待人，你会结交更多的朋友；诚信待人，你会赢得别人的信任；诚信待人，你会拥有良好的声誉；诚信待人，你会感觉生活更加的美好。

精诚所至，金石为开。做一个胸怀坦荡、诚实正直的人吧！真诚帮助身边需要帮助的人，对每一个人所说的每一句话、所做的每一件事，都发自我们的内心，一切以内心的善为最高标准。只有这样，我们才会更容易赢得别人的信赖，才能更容易敲开成功的大门。

虽败犹荣

在第四十八届上海世界乒乓球锦标赛的一场淘汰赛中，双方选手分别是中国名将的刘国正和德国名将波尔，这一场的胜者将进入下一轮比赛，负者则将打道回府。

高手过招，自然是厮杀得难解难分，两

人的比分交替上升，这种胶着的状态一直持续到决胜局。在决胜局里，刘国正暂时以12：13落后，再输一个球就将被淘汰。越是关键时刻越是容易出错，刘国正的一个回球出界了！整个比赛场馆顿时鸦雀无声，观众们对眼前的一切还没转过神来，刘国正自己也蒙了，愣愣地站在那里。波尔的教练已经准备起立狂欢了。

就在这时，波尔做了一个优雅的手势指向台边，示意这是一个擦边球，意味着刘国正可以得1分。一个幸运球帮刘国正把比分扳平了，更直接点说，刘国正被对手从悬崖边给“救”了回来，最终刘国正反败为胜，战胜了波尔。

不管是刘国正还是波尔，他们的梦想都是世界冠军，然而世界冠军是通过一场场比赛比拼出来的。对于波尔而言，只要赢下那1分，就可以顺利晋级，离冠军之梦更近一步。而那个球是否擦边或许只在1毫米之间，这样微乎其微的差距，不仅观众看不到，对手看不清楚，裁判也可能会误判。但是，波尔看到了，他毫不犹豫地选择了挥手示意。波尔虽败犹荣，赢得了全场观众雷鸣般的掌声。

赛后，有人问波尔为何要这么做，他只是轻描淡写地说了句："公正让我别无选择。"波尔不假思索地做出那个动作，又轻描淡写地说出了那句话，这充分说明诚实已成为他的一种下意识举动。

☞ 案例反思：(1) 从波尔的身上你学到了什么？

(2) 在利益诱惑面前，你会选择怎么做？

捧着空花盆的孩子

从前有个年纪大，眼睛花，耳朵背，走起路来跌跌撞撞的国王。他想着：我就快要死了，等我死后，谁来当国王呢？

终于他想到了一个办法，国王向全国的老百姓发布通告，他要挑一个孩子来当国王。怎么挑呢？他派人给所有的孩子发了一粒花籽，看谁能拿这粒花籽种出最美丽的花，谁就来当国王。

有个叫宋金的孩子，领了一粒花籽回家，把花籽种在一个漂亮的花盆里，天天浇水，天天盯着，多么希望那花籽长出芽，抽出枝，开出最美丽的花。可是，日子一天一天地过去了，花盆里什么也没长出来。宋金很着急！他换了一个花盆，又换了一些土，继续把那粒花籽种上，可是两个月过去了，到了大家拿花去比赛的日子，他的花盆里还是空空如也，什么都没有长出来。

这一天，全国各地的孩子一齐捧着花来到皇宫里，他们每个人的花都很好看，有红的，有黄的，还有白的，一下子真说不出谁种的花最美丽。

国王来看花了，他在孩子们面前一一走过，孩子们手里捧着的花真的很美，可是国王一直皱着眉，一句话也不说。他走呀走呀，突然看见一个手里捧着一个空花盆的孩子——宋金。只见他把头压得低低的，心里难过极了，人家都种出了美丽的花，可他呢，什么也没种出来。

国王走到宋金面前，问他："孩子，你怎么捧着一个空花盆？"宋金一边哭一边说："我把花籽种在花盆里，每天用心呵护，浇水、施肥，可是花籽怎么也不发芽。我，我只好捧着空花盆来了。"

国王听完宋金的话，高兴得笑了起来，说道："找到了，找到了，我找到一个最诚实的孩子当国王了。你是诚实的孩子，等你成年后，就由你来做新国王吧！"

原来国王发给大家的是在锅里煮过的花

籽，怎么会发芽、抽枝、开花呢？

☞ 案例反思：（1）国王为什么让手捧空花盆的孩子继承了王位？

（2）你从这个故事里明白了什么道理？

自我对照修炼法

（1）你能做到诚信做人、诚信考试吗？

（2）你有推心置腹的朋友吗？

（3）你会真心对待你的朋友吗？

（4）你在日常生活中讲诚信吗？

（5）你的内心坦荡吗？

（6）你在与人交往时诚实无欺吗？

（7）你敢于主动承担并改正错误吗？

（8）你坚持实事求是、不弄虚作假吗？

（9）面对利益诱惑时，你会选择私欲吗？

（10）你会因为恶小而为之，因为善小而不为吗？

实践提升

（1）从今天起，真诚地对待你身边的每一个朋友，做一个胸怀坦荡、诚实正直的中职生。

（2）从你的内心出发，真诚帮助身边需要帮助的人，为自己赢得他人的信任和良好的信誉，为今后的职场社交做好铺垫。

经验分享

亲爱的同学，把你在修炼该习惯的过程中总结的独到经验和做法写下来，在班级中进行交流，让大家一起分享你的快乐吧。

第四篇 职业素养篇

16. 爱岗敬业

修炼目标

（1）了解爱岗敬业的基本要求。

（2）知晓爱岗敬业在现实职业生活中的具体表现，为树立正确的工作观奠定基础。

案例分享

第七届全国道德模范杜富国先进事迹

杜富国是南部战区陆军云南扫雷大队上士。2015 年 6 月，在得知部队将组建扫雷大队，为边疆人民彻底扫除雷患后，他第一时间向连队党支部递交申请，主动请缨参加排雷，义无反顾地赶赴扫雷战场。从 2015 年至 2018 年，他经常是第一个进雷场、第一个设置炸药、第一个引爆，累计进出雷区

1 000 多次，排除各类地雷和爆炸物 2 400 多枚，处置各类险情 20 多起，把“生命禁区”变成了边境百姓的致富田园、生活乐园。

2018 年 10 月 11 日下午，杜富国和战友艾岩在麻栗坡县猛硐乡老山西侧雷场进行扫雷作业，发现一颗当量大、危险性高的加重手榴弹，在接到上级的指令后，杜富国命令艾岩：“你退后，让我来。”他在按照作业规程操作的过程中，手榴弹突然爆炸，他下意识地倒向艾岩一侧，为战友遮挡了爆炸所产生的冲击波和弹片，自己却失去了双手和双眼。

2019 年，杜富国获得感动中国 2018 年度人物、全国自强模范、时代楷模、排雷英雄战士、最美奋斗者、第七届全国道德模范等荣誉称号。

☞ 案例反思：(1) 读了杜富国的事迹，请你谈谈感想。

(2) “你退后，让我来”六个字铁骨铮铮，杜富国以血肉之躯挡住了危险，哪怕自己坠入深渊。从杜富国的事迹中，你得到哪些启示？

道德应当成为科学的指路明灯。

爱岗敬业——恪守职业道德的前提

美国石油大王洛克菲勒曾告诫儿子："如果你视工作为一种快乐，人生就是天堂；如果你视工作为一种义务，人生就是地狱。"职业的舞台是我们谋生的舞台，但更是每个人充分展现自身才华、完善自我、实现自身价值的舞台。在这个舞台上，每个人都应该认真对待本职工作，热爱本职工作，敬重自己的职业岗位，做到爱岗敬业。

爱岗敬业，通俗地说就是爱岗位，勤钻研，精业务，乐奉献。热爱自己的工作岗位，敬重自己所从事的职业，勤奋努力，尽职尽责，在工作中做到乐业、勤业、精业。

"蛟龙号"载人潜水器是由中国自行设计、自主集成研制的载人潜水器。中国船舶重工集团公司第702研究所技师顾秋亮（图1），埋头苦干，踏实专研，挑战极限，完成了载人舱玻璃安装这个载人潜水器里最精细的活儿。

载人潜水器有十几万个零部件，组装最大的难度就是密封性，精密度要求达到"丝"级。一丝只有0.01毫米，也就是一根头发丝的十分之一那么细。载人潜水器身上

图1　技师顾秋亮

所有密封面的装配精度，必须控制到几丝，这样才能确保载人潜水器在深海里既不会漏水，又能降低巨大的水压。用精密仪器来控制这么小的间隔或许不算难，可难就难在载人舱观察窗的玻璃异常脆弱，不能与任何金属仪器接触。因为一旦摩擦出一个小小的划痕，在深海几百个大气压的水压下，载人舱观察窗就可能漏水，甚至破碎，危及下潜人员的生命。

托付生命的信任让顾秋亮除了依靠精密仪器之外，更重要的是依靠自己的判断。一遍遍地锉钢板，一遍遍地动脑筋琢磨，时间长了，顾秋亮两只手上的指纹都变淡了，就诚实是人生的命脉，是一切价值的根基。

连打卡都成了问题。但这并没有影响顾秋亮的技艺，他光用眼睛看，用手摸，就能做出精密仪器干的活儿，即便是在摇晃的大海上，纯手工打磨维修的潜水器密封面平面度也能控制在两丝以内，所以大家称他“顾两丝”。因为爱岗，所以钻研；因为钻研，所以卓越。2015 年他成为中央电视台新闻频道推出的系列节目《大国工匠》中的人物。

热爱自己的工作岗位，热爱自己的本职工作，让自己无论在什么时候，都用一种严肃的态度对待自己的工作，这是从业人员基本的职业道德。

☞ 案例反思：（1）顾秋亮为什么会被他人誉为“顾两丝”？

（2）从顾秋亮的身上，我们可以得到哪些启示？

爱岗敬业的具体要求

爱岗敬业，要求我们在工作中做到乐业、勤业、精业。乐业是指热爱自己所从事的职业，把干好工作当作快乐的事情。勤业是指忠于职守，认真负责，刻苦勤奋，不懈努力。精业是指业务熟练，精益求精，让工作尽善尽美。

自我对照修炼法

中职生要成为高素质劳动者，要成为优秀的从业者，要想在未来的工作岗位上有所造诣，就必须爱岗敬业。怎样培养爱岗敬业的好品质呢？可以从以下几点做起。

（1）在日常生活中，主动规范言行举止。

① 自己的事情自己做。诸如洗衣服、叠衣服、打扫房间、整理物品，自己去买所需要的学习生活用品等。

② 不怕苦，不怕脏，多做家务。诸如拖地、搞卫生、煮饭、洗碗等，帮父母做力所能及的事。

③ 遇事不计较，不埋怨，多帮助身边需要帮助的人。

④ 注意做事规范，有条理，注重仪表，遵守社会公德。

（2）在学校里，积极参加集体活动。

① 争当班干部或学生会干部，增强自己的责任意识、岗位意识，增强自己的管理能力。

② 不怕苦，不怕累，多参加学校组织的各项活动，通过青年志愿者活动、学雷锋活动、社会实践活动、社团活动等有效地提

生活的理想，就是为了理想的生活。

高自己的社会实践能力。

③ 认真完成值日工作和清洁工作。

④ 认真学习理论知识和实践技能，提高自己的专业理论水平和技能水平。

（3）在实训或实习中，努力做好自己的工作。

① 认真完成自己的训练计划，自觉高标准完成训练任务。

② 认真完成自己操作设备的清洁保养任务，确保设备干净整洁。

③ 认真打扫自己负责的工位或实训场地，确保工位或实训场地干净整洁，自觉做好实训场地“6S”［整理（Seiri）、整顿（Seiton）、清扫（Seiso）、清洁（Seiketsu）、素养（Shitsuke）、安全（Security）］管理工作。

④ 在技能训练的过程中，发扬不怕苦、不怕累的精神，按时保质完成任务。

⑤ 学一门爱一门，做一行爱一行。

实践提升

（1）请利用课外时间，查阅并学习历年来全国道德模范的先进事迹。

（2）对照榜样的先进事迹，审视自己的

职业观，为进入职场做好准备。

经验分享

亲爱的同学，把你在修炼该习惯的过程中总结的独到经验和做法写下来，在班级中进行交流，让大家一起分享你的快乐吧。

三军可夺帅也，匹夫不可夺志也。

17. 团结合作

修炼目标

（1）了解团结合作的含义。

（2）认识团结合作的重要性，懂得在现代社会，人们做很多事情时需要团结合作。

（3）培养与他人团结合作的精神。

案例分享

牧师请教上帝："地狱和天堂有什么不同？"

上帝带着牧师来到一间房子里。一群人围着一锅肉汤，他们手里都拿着一把长长的汤勺，因为手柄太长，谁也无法把肉汤送到自己嘴里。每个人的脸上都充满绝望和悲苦。上帝说，这里就是地狱。

上帝又带着牧师来到另一间房子里。这里的摆设与刚才那间没有什么两样，唯一不同的是，这里的人们都把汤舀给坐在对面的人喝。他们都吃得很香、很满足。上帝说，这里就是天堂。

业精于勤，荒于嬉；行成于思，毁于随。

☞ 案例反思：同样的待遇和条件，为什么地狱里的人痛苦，而天堂里的人快乐？

团结合作——恪守职业道德的基础

资料显示，美国波音公司生产的波音747飞机所用的450万个零部件，是由6个国家的1 500家大企业和15 000家中小型企业团结合作生产出来的。在今天的社会中，已经没有哪一项工作只靠一个人或者一个企业就能顺利完成的。许多项目的完成，是团队各成员间全心全意、积极合作的结果。

团结合作就是大家合做一件事时，互相信任，互相支持，互相配合，互相帮助。在我们的学习、生活和工作中，有许多事情需要团结合作才能完成。

许许多多的石头堆积起来，可以变成一座高山；许许多多的砖头垒筑起来，可以砌成万里长城；许许多多的蚂蚁团结在一起，可以拖动一根很大的骨头。一个人的力量虽小，但团结在一起，就能排山倒海。雷峰说，一朵鲜花打扮不出美丽的春天，一个人先进是单枪匹马，众人先进才能移山填海。歌德说，一个人只靠自己是存在不下去的，因此人总乐于参加一个集体；即使他在那个集体里得不到休息，但无论如何他总可以得到心灵的平静与人身的安全。我们生活在集体中，集体成员密切配合，团结合作，才能使集体焕发出生机和活力，才能创建和谐集体。大家要记住：团结合作的力量能够战胜一切！

人类是命运共同体，团结合作是战胜疫情最有力的武器。2020 年伊始，新型冠状病毒肺炎疫情在我国多地暴发。病毒肆虐，人民的生命健康受到极大威胁。疫情面前，中国人民紧密团结在以习近平同志为核心的党中央周围，听从指挥，团结一心抵抗病毒。在荡气回肠的湖北保卫战、武汉保卫战中，全国人民同舟共济、患难与共，截至 2020 年 3 月 8 日，共有 346 支医疗队、4.26 万名医护人员投入这场与时间竞速、与病魔赛跑的紧张战斗中。在这场疫情战役面前，每个人都是战士，每个人都在努力拼搏，众志成城，万众一心。终于我国取得了本次抗疫斗争的阶段性胜利。与此同时，中国还积极支援世界其他国家的抗疫斗争，派出医疗专家组奔赴世界各国指导抗疫斗争，并给予其他国家充足的医疗物资援助。2020 年 5 月 18 日晚，习近平同志在第七十三届世界卫生大会视频会议开幕式上发表了题为《团结合作战胜疫情 共同构建人类卫生健康共同体》的致辞，向全世界阐述了中国抗疫的主张，提出了一系列重要的倡议，为团结合作抗疫贡献中国力量。中国抗疫行动被誉为世界标杆，中国抗疫成效给世界带来了希望。国际社会日益认识到，中国倡导的团结合作，能够汇聚磅礴之力，能够通往最终胜利。

☞ 案例反思：在日常生活中，你是否也遇到了团结合作战胜困难的事例？请给大家分享一下吧！

团结合作的具体要求

一个人的能力是有限的，只有分工合作，发挥特长，才有利于共同目标的实现，只有真诚合作才是真正的合作。一个团队往往是由具备不同水平、不同特长、不同专业技能的个体组成的。团队成员相互依赖，借助彼此的专业技能、不同的见解和共同的努力来实现共同目标。

大家是否看过赛龙舟？赛龙舟是我国多地端午节的民俗活动之一。龙舟长为 20 ~ 30 米，每个龙舟上约有 30 名选手。比赛时，当枪声响起，每名选手立刻按锣鼓节拍划桨前进，以到达终点的先后顺序决定名次。作为一个集体比赛项目，它的胜利完全取决于每名选手是否团结。只有每名选手听从锣鼓声的指挥，团结一心，动作协调一致，才能使龙舟的前进速度加快，从而取得比赛的最终胜利。

世界航天史上具有划时代意义的一项成就是美国宇航局在 1961—1972 年组织实施的一系列载人登月飞行任务——阿波罗计划，目的是实现载人登月飞行和人对月球的实地考察，为载人行星飞行和探测进行技术做准备。阿波罗计划始于 1961 年 5 月，至 1972 年 12 月第 6 次登月成功结束，历时约 11 年，耗资 255 亿美元。在高峰期，参加工程建设的共有 2 万家企业、200 多所大学和 80 多个科研机构，总人数超过 30 万人。

1992 年我国载人航天工程正式启动，它由“神舟”号载人飞船系统、“长征”运载火箭系统、酒泉卫星发射中心飞船发射场系统、飞船测控与通信系统、航天员系统、科学研究和技术试验系统等组成，是我国在 20 世纪末 21 世纪初规模最庞大、技术最复杂的航天工程。从“神舟”一号到“神舟”

十号，每一次载人飞船的成功发射，不仅是我国科学家数年来不断探求、不断创新、呕心沥血的结晶，还是无数航天人精诚团结、紧密合作的结果。正是因为他们，才最终实现了中华儿女数千年来的飞天梦想！

☞ 案例反思：（1）从赛龙舟中，你们获得了哪些启示呢？

（2）读了阿波罗计划和我国载人航天工程的故事后，你们还获得了哪些启示呢？

（3）在学习和生活中，该如何做到团结合作呢？

自我对照修炼法

三人四靠，倒了锅灶。三人同心，黄土变金。三个臭皮匠，顶个诸葛亮。人心齐，泰山移。中职生怎样做到团结合作呢？

（1）学会分工协作。

大雁有一种分工协作的本能，它们飞行时呈 V 字形。这些大雁飞行时定期变换领头雁，因为领头雁在前面开路，能帮助它后面或两边的大雁形成局部的真空，减少飞行的阻力，并且领头雁时常发出鸣叫声，以此鼓励其他的大雁不要掉队。科学家发现，大雁以这种形式飞行，要比单独飞行多出12%的距离。分工协作可以产生一加一大于二的倍增效果。据统计，在诺贝尔奖获奖项目中，因分工协作获奖者占三分之二以上。在诺贝尔奖设立的前25年，合作获奖的占41%，而现在则占80%。

分工协作正成为一种企业中工作方式的潮流，被更多的管理者所提倡，如果我们能把容易的事情变得简单，把简单的事情变得容易，我们做事的效率就会倍增。分工协作是简单化、专业化、标准化的关键所在，世界正逐步朝简单化、专业化、标准化的方向发展，于是分工协作的方式理所当然地成为这个时代的产物。一个由相互联系、相互制约的若干部分组成的整体，经过优化设计后，整体功能能够大于部分功能之和，产生一加一大于二的效果。

（2）合作是前提。

大家都听说过，老鼠偷油吃的故事吧。三只老鼠一同去一个很深的油缸偷油喝，由于它们够不到油缸中的油，就想了一个办法，让一只老鼠咬着另一只老鼠的尾巴，吊至缸底去喝油。大家轮流喝，有福同享。

第一只老鼠最先吊下去喝油，它想：油

骐骥一跃，不能十步；驽马十驾，功在不舍。

就这么多，大家轮流喝，一点儿也不过瘾，今天算我运气好，干脆自己跳下去喝个饱。夹在中间的老鼠想：下面的油没多少了，万一让第一只老鼠喝光了，那我怎么办？我看还是把它放了，自己跳下去喝个痛快！第三只老鼠也暗自思忖：油那么少，等它们两个吃饱喝足，哪里还有我的份儿？倒不如趁这个时候把它们放了，自己跳到缸底饱餐一顿。

于是，第二只老鼠狠心地放开第一只老鼠的尾巴，第三只老鼠也迅速放开第二只老鼠的尾巴，它们争先恐后地跳到缸里去了。最后，三只老鼠都淹死在油缸里。

从这个故事中，我们可以得出这样的结论：每一个人都必须认真负责地对待自己的工作，不能因个人私利而置企业和他人的利益于不顾。团队成员之间只有真诚合作，才能顺利实现团队目标，才能形成凝聚力，增强竞争力，最大化地挖掘企业发展的潜力。

（3）加强沟通是关键。

小亮明天要参加学校的毕业典礼，他高高兴兴地上街买了条裤子，可惜裤子长了7厘米。吃晚饭的时候，趁奶奶、妈妈和姐姐都在场，小亮把裤子长了的情况说了一下，但大家没有任何反应，饭后这件事情再也没被提起。

妈妈睡得比较晚，临睡前想起儿子第二天要穿的裤子长了 7 厘米，于是就悄悄地把裤子剪好、缝好放回了原处。半夜里，被狂风惊醒的姐姐突然想起弟弟的裤子长了 7 厘米，于是披衣起床将裤子处理好又安然入睡。第二天一大早，奶奶醒来给孙子做早饭时，想起孙子的裤子长了 7 厘米，马上“快刀斩乱麻”处理好了裤子。结果，小亮只好穿着短了 14 厘米的裤子去参加毕业典礼。

从这个故事中，我们不难看出，沟通不畅不仅不能为团队创造效益，反而会造成管理混乱、效率低下的结果。一个团队只有进行有效的沟通，在沟通的基础上明确各自的职责，才能搞好合作，形成合力。

实践提升

团队合作竞技型小游戏：无敌风火轮。

游戏目标：通过本游戏培养学员团结一致、密切合作、克服困难的团队精神；培养学员的组织协调能力；培养学员服从指挥、一丝不苟的工作态度；增强学员之间的信赖感。

游戏时间：10 分钟。

游戏道具：报纸、胶带。

场地要求：一片空旷的大场地。

游戏玩法：12 ~ 15 人为一组，利用报纸和胶带制作一个可以容纳全体学员的封闭式大圆环，将大圆环立起来，让全体学员站到大圆环上，一边走一边滚动大圆环。

经验分享

亲爱的同学，把你在修炼该习惯的过程中总结的独到经验和做法写下来，在班级中进行交流，让大家一起分享你的快乐吧。

世上无难事，只要肯登攀。

18. 有效沟通

修炼目标

（1）了解有效沟通的重要性。
（2）增强自身有效沟通的能力。

案例分享

小明是公司销售部的一名员工，为人比较随和，不喜欢与人争执，和同事相处得比较好。但是，前一段时间，同一部门的小王老是处处和他过不去，有时候还故意在别人面前指桑骂槐，与小明共同完成的工作任务也都有意让其做得多，甚至还抢了小明的好几个老客户。起初，小明觉得小王是自己的同事，在工作上两人偶有摩擦没什么大不了的，忍一忍就算了。但是，后来看到小王如此嚣张，小明一赌气，告到了经理那里。经理把小王批评了一通，从此，小明和小王成了冤家。

☞ 案例反思：（1）小明为什么会和小王成了冤家？

（2）如果你是小明，你会如何处理这个问题？

有效沟通——恪守职业道德的助燃剂

小明所遇到的事情是在工作中常常出现的一个问题。在一段时间里，同事小王对他的态度发生了变化，小明应当有所警觉，应当反思自己是不是哪里得罪了小王。但是，小明只是一味地忍让，这种忍让不是一个好办法，而应当多沟通。小明应当找出小王态度变得这么恶劣的原因，主动和小王进行一次真诚的沟通，比如询问小王是不是自己什么地方做得不对，让他难堪了。任何一个人都不喜欢与他人结怨，人与人之间的误会和矛盾在不深的时候通过及时沟通就会消失。我们每一个人都应该学会主动沟通，真诚沟通，如此一来，就可以化解很多工作与生活中完全可以避免发生的误会和矛盾。

21 世纪是一个信息化的时代。生活中的每一天，我们都会与别人交流。沟通随时随地都伴随着我们，它既是我们工作与生活的润滑油，也是消除隔膜、达成共同愿景、朝着共同目标前进的桥梁和纽带。在交流过程中，沟通的双方可以学习彼此的优点，提高个人修养，不断完善自我。

石油大王洛克菲勒曾说："假如人际沟通能力也是同糖或咖啡一样的商品的话，我愿意付出比太阳底下任何东西都珍贵的价格购买这种能力。"对于联系日益紧密的现代人来说，沟通在工作中就如同人的血脉，如果沟通不畅，就如同血管栓塞，会导致器官缺血坏死。因此，沟通是相当重要的。生活中没有沟通，就没有快乐的人生；事业中没有沟通，就没有成功；工作中没有沟通，就没有乐趣和机会。

有效沟通对生活和工作的重要性

有效沟通对于一个人的学习、生活和工作至关重要。如何处理好这些人与人、人与团队、团队与团队沟通上的问题，正确了解沟通过程和影响沟通的因素，正确掌握处理沟通障碍的方法，成为现代人急需了解和解决的难题。实践证明，良好的沟通对于任何群体和组织的工作都十分重要，尤其对于即将走上工作岗位的学生来说，了解有效沟通的技术，掌握正确的沟通方法和技巧，是非常必要的。

在企业中，企业内部人员的有效沟通已经成为公司的重中之重。企业内部人员的有效沟通不仅能够节省办公时间，提高工作效率，更好地为客户服务，还能为企业决策服务，将信息覆盖到企业的战略、目标、绩效、合同、客户、项目等诸多层面，提供数据分析，提供决策依据，实现多项目管理，推进项目实施进度。同时，企业内部人员的有效沟通也会使企业有一个良好的工作氛围，让大家保持愉悦的心情，进而降低人员的流失率，使其更好地为企业服务。

艾森豪威尔是第二次世界大战时的盟军统帅。有一次，他看见一个士兵从早到晚一直挖壕沟，就走过去跟他说："大兵，现在日子过得还好吧?"士兵一看是将军，敬了个礼后，说："这哪是人过的日子啊！我在这边没日没夜地挖壕沟，太难受了！"艾森豪威尔说："我想也是，你上来，我们走一走。"艾森豪威尔就带他在营区里面绕了一圈，告诉他当一名将军肩膀上挂了几颗星以后，会被参谋长骂的那种难受，打仗前一天晚上睡不着觉的那种压力，以及对前途的那种迷惘。最后，艾森豪威尔对士兵说："我们两个一样，不要看你在坑里面，我在帐篷里面，其实谁的痛苦大还不知道呢！也许你还没死的时候，我就活活地被压力给压死了。”这样绕了一圈以后，又绕到那个坑附近的时候，那个士兵说：“将军，我看我还是继续挖我的壕沟吧！”

☞ **案例反思：**（1）艾森豪威尔将军是如何化解士兵的怨气的？

（2）从这个故事中，我们可以得到哪些启示？

从这个故事中不难看出，有效沟通的关键在于能否及时、有效地掌握信息，因为只有掌握准确、完整的信息，才能更好地进行交流与沟通。

要实现有效沟通，必须注意以下几个方面：

第一，信息沟通的准确性。信息的正确传递是工作顺利开展的基础。在沟通过程中，人们可能会受到客观环境或主观情绪的影响，不能将信息正确地传达给对方，这样会影响工作的开展。在传递信息时，人们的表达和诉求必须准确、完整、系统，必要时还要进行验证确认，确保对方准确无误地接收。只有正确地传递信息，才有可能让信息落地生根，收获成果，让大家的工作和生活越来越轻松。

第二，信息沟通的完整性。在沟通过程中，双方将自己要说的内容尽量说得完整。信息完整是工作顺利进行的保证，如果掌握的信息支离破碎、残破不全，人们将难以做出正确的判断和科学的决策，执行起来难免会走样。如果人们将信息完整地传递给对方，对方感到的不仅是诚心，还有真心。

第三，沟通过程中言之有物。在沟通过程中，要有事实、有证据。用事实和证据说话是最有说服力的，特别是在工作岗位上，言之有物更显其作用。抛开感性的因素，理性地沟通和处理问题，对事不对人，双方都用事实说话，理性地传递给对方正确的信息，让彼此知道自己该做什么，该做到什么程度，可以获得事半功倍的效果。

自我对照修炼法

中职生要善于利用一切机会培养和增强自身有效沟通的能力，学会克服有效沟通障碍的方法。

一寸光阴一寸金，寸金难买寸光阴。

（1）真诚尊重。

沟通是全身心的交流，正如现代管理学之父彼得·F. 德鲁克（Peter F. Drucker）所说：“人无法只靠一句话来沟通，总是得靠整个人来沟通。”只有尊重对方，表达出沟通的诚意，才能得到准确、全面的信息；只有做到思想与感情的交流，才能做出明智的判断与正确的决策。

（2）感受对方。

感受对方的动机、需要、兴趣、性格、态度、理想、价值观是第一位的，只有人们使用一套共同的符号系统时，沟通才能发生。一个人与对方有多少共同点，决定了与其沟通的程度。这些共同点意味着目标、价值、态度、动机、兴趣的共识，如果缺乏共识，是没有办法在心灵上产生共鸣的。

（3）敞开心扉。

敞开心扉是积极主动地突破自己有限的经验，适当地暴露自己的思想情感，尽可能减少自己带给别人的刻板印象。你留给别人的刻板印象越少，别人就越坦诚地与你交流，沟通就越有效。

（4）态度明确。

态度明确是有效沟通的关键，模糊、消

一年之计在于春，一日之计在于晨。

极、被动的态度不仅是无效的，也是有害的，明确的态度与言行是冲破沟通阻碍的利器。这就要求沟通参与者做到直接、诚恳、适时、恰当、清楚地表达自己的看法与感受。

（5）正确倾听。

正确倾听既不是与生俱来的能力，也不是每个人都能学会的技能，而是先天与后天的结合，并在学习、生活和工作中逐步锻炼与培养起来的能力。人们可以从以下几点培养正确倾听的能力：一是不要以自我为中心；二是不要预设立场，不要臆测，更不要立即下判断；三是使信息发出者和接受者的角色顺利转换；四是不要怕听到复杂的信息；五是注意对方的非言语信息。

（6）善用非言语信息。

有关资料表明，在面对面的沟通中，来自语言文字的社交意义不会超过35%，也就是说，有65%是通过姿势、面部表情、目光、语调等非言语信息传达的。实际上，非言语信息比言语信息更能打动人。因此，如果你是信息发送者，就必须确保你发出的非言语信息具有强化语言的作用；如果你是信息接收者，就必须密切关注对方的非言语提示，从而全面理解对方的思想与情感。

实践提升

有效沟通竞技型小游戏：数字传递。

游戏玩法：将参赛学员分成若干组，每组参赛学员 5～8 名，并在每组中选派一名参赛学员担任监督员。所有参赛学员排成纵列，队列的最后一名参赛学员作为代表到教师处查看数字，教师向全体参赛学员和监督员宣布游戏规则。

游戏规则：

（1）各组参赛学员代表到主席台上来，教师："我将给你们看一个数字，你们必须把这个数字通过肢体语言让你们组的参赛学员知道，并且让你们组的第一名参赛学员将这个数字写到讲台前的白纸上（写上组名）。比比看，哪个队伍速度最快，答案最准确。"

（2）游戏过程中全体参赛学员不允许说话，后面一名参赛学员只能通过肢体语言向前一名参赛学员进行表达，通过这样的传递方式层层传递，直到第一名参赛学员将这个数字写在白纸上。

（3）比赛进行三局，每局休息 1 分钟。

书山有路勤为径，学海无涯苦作舟。

第一局胜利积 5 分，第二局胜利积 8 分，第三局胜利积 10 分。

小组讨论：

（1）在“PDCA”循环（计划、执行、检查、处理）中，如何在这个游戏里得到体现？

（2）在“PDCA”循环中，哪个步骤更为重要？

经验分享

亲爱的同学，把你在修炼该习惯的过程中总结的独到经验和做法写下来，在班级中进行交流，让大家一起分享你的快乐吧。

____

____

____

____

____

____

____

____

最具挑战性的挑战莫过于提升自我。

19. 求精创新

修炼目标

(1) 了解什么是钻研技术。

(2) 努力做到求精创新。

案例分享

“工人院士”周勇（图2）是中车青岛四方机车车辆股份有限公司的一名长期工作在生产一线的机车电工高级技师。他扎根电气调试一线27年，凭借精湛的技艺，从一名普通工人成长为我国高速动车组和城轨地

图2 “工人院士”周勇

铁领域电气调试的金蓝领专家。

作为中国第一代“高铁调试工人”，他带领他的技术团队成员开拓性地建立了模块化、标准化的高速动车组调试作业体系，编制了高速动车组调试“宝典”——《高速动车组调试作业要领书》，调试出了600列以上的高速动车组，安全运营里程超过8亿千米，相当于绕地球2万圈。2014年12月，他获得了我国对一线技术工人的最高褒奖——“中华技能大奖”，这一奖项的审批严苛程度堪比“两院院士”的审批程度，素有“工人院士”之称。周勇凭借他多年来坚守在一线、攻坚克难、求精创新的敬业精神，为我国高铁事业发展做出了重要贡献。

☞ **案例反思：**（1）从“工人院士”周勇身上我们可以得到哪些启示？

（2）你还知道哪些“工人院士”的先进事迹？

求精创新——职业道德发展的动力

当代社会，科学技术是第一生产力，各行各业的发展都离不开先进技术。技术的支撑是获得强大市场竞争力的必要条件。随着科学技术的不断进步，生产技能的不断发锲而舍之，朽木不折；锲而不舍，金石可镂。

展，生产设备的不断更新，今天先进的技术很可能过一段时间就不能适应社会的需要，不能适应企业的需要，所以钻研技术、求精创新是从业人员在工作中必须具备的职业道德。

钻研技术是指技术人员不能故步自封，满足现状，而要与时俱进，尽可能地汲取营养来丰富自己，提高自己的专业技术水平，为企业排忧解难。求精创新是指求精、求变、求新，敢问、敢想、敢做，不断通过革新、更新、改变，创造新的东西。钻研技术是从业人员对待工作上的技术问题刻苦钻研，不断进取，不满足现状，努力把自己岗位上的工作做得更精、更细、更有效率。求精既是一个企业不断进步的必要条件，也是一个人不断前进的必要条件。一个沉浸于满足之中的企业不可能前进，一个沉浸于满足之中的人也不可能前进。创新既是一个企业发展的不竭动力，也是一个人前进的不竭动力。没有创新的企业是没有希望的企业，没有创新的人是没有前途的人。

为盾构机研发“神经中枢”的电气技师李刚

在城市迅速发展的今天，地铁已经成为

许多城市交通的主动脉，地铁建设离不开开凿地下隧道的终极武器——盾构机。

接线盒是盾构机的“神经中枢”，整台盾构机的电路系统被50多个接线盒所控制，每个接线盒都有100多根电线经过，形成一个巨大的神经网络，直接决定着盾构机的行动能力。

2012年，李刚研发制造的盾构机核心部件液位传感器打破了国外企业的百年垄断，其性能跃居世界第一。随后，李刚高质量地完成了300多台盾构的电气系统组装。2016年，李刚又开始了新的技术冲击——马蹄形盾构机的电路系统的设计。马蹄形盾构机的电路系统拥有40 000多根电缆电线、4 100个元器件、1 000多个开关，如果其中有一根线接错，一个器件使用有误，就会导致整个盾构机“神经错乱”，甚至线路都会被大面积地烧毁。

李刚投入的这场技术改进是风险巨大的。而马蹄形盾构机所要求的精细、精准、精微、精妙，几乎时时在挑战着人类操作的极限。经过58天的努力，新型接线盒改造成功。

李刚和工友们的工作成为马蹄形盾构机

项目推进的重要保障。2016 年 7 月 17 日，世界首创的中国马蹄形盾构机成功下线，表明中国实现了异形盾构装备生产的全面自主化，也标志着世界异形隧道掘进机研制技术跨入了新阶段。中国工匠们站到了这个领域的世界巅峰。

自我对照修炼法

中职生要想成为高素质的劳动者，要想成为一名优秀的从业人员，要想在自己未来的工作岗位上有所造诣，就必须培养钻研技术、求精创新的职业精神。

（1）在日常生活中，要善学习，勤思考。

要善于观察，善于分析，善于思考遇到的问题，并善于找到解决问题的方法；要善于挖掘、收集有用的信息和资源，并进行归类和整理；遇到事情要多问几个为什么，多查阅相关资料；要养成爱思考、善思考、乐思考的好习惯。

（2）在学校里，要将理论知识应用于实践。

学习文化理论知识时要多联想，串联已经学过的知识；参加社会实践活动时要多动宝剑锋从磨砺出，梅花香自苦寒来。

口，多动手，在实践中成长；要学会收集先进技术和专业知识的前沿信息，要养成提出问题、分析问题和解决问题的好习惯；要学会反思，学会运用发散性思维。

（3）在实训或实习中，要学会妥善处理问题。

要善于查阅相关技术资料，善于收集相关技术信息，养成记录操作要点、难点、技巧的好习惯；遇到不会的技术时，要敢于分析、敢于处理、不懂就问；遇到问题时，要敢于探索最佳的解决方法或途径，学会探究性学习，在探究中体验学习的乐趣。

实践提升

（1）心理测试：测一测你的创新思维能力。

下列各题中，如果符合自己情况，回答“是”；如果不符合自己情况，回答“否”；如果拿不准，回答“不确定”。

① 你不欣赏发明稀奇古怪物品的人。

② 你没有特别感兴趣的事物或活动。

③ 你喜欢按部就班地工作。

④ 你常常凭直觉来判断一件事情的对错。

勿以恶小而为之，勿以善小而不为。

⑤ 你认为创新也是生产力。

⑥ 你认为商品内在质量好就行了，外观设计是可有可无的。

⑦ 你很喜欢用多种方法解决同一个问题。

⑧ 你不喜欢使用新的东西。

⑨ 做一件事，尝试几次失败后，你大多会放弃。

⑩ 你很善于总结成功的经验和失败的教训。

【参考答案】

单位：分

题号	①	②	③	④	⑤	⑥	⑦	⑧	⑨	⑩
是	0	0	0	0	2	0	2	2	0	2
否	2	2	2	2	0	2	0	0	2	0
不确定	1	1	1	1	1	1	1	1	1	1

注：15 分以上者，有较强的创新思维能力；10 ~ 14 分者，善于在创造性与习惯性做法之间找到平衡点，具有一定的创新思维能力；9 分以下者，比较欠缺创新思维能力，容易陷入惯性思维模式。

（2）你身边有没有勤奋好学、刻苦钻研、喜欢创新的人？请分享他们的经历。

（3）请你谈谈该如何做到求精创新。

有知识的人不实践，等于一只蜜蜂不酿蜜。

经验分享

亲爱的同学，把你在修炼该习惯的过程中总结的独到经验和做法写下来，在班级中进行交流，让大家一起分享你的快乐吧。

老吾老，以及人之老；幼吾幼，以及人之幼。

20. 安全生产

修炼目标

（1）掌握安全知识，培养“珍爱生命，安全第一”的意识。

（2）了解安全生产的三要素。

案例分享

2014年8月2日7时34分，江苏省苏州市昆山市昆山经济技术开发区的昆山中荣金属制品有限公司抛光二车间发生了特大铝粉尘爆炸事故（图3），当天造成146人死亡、185人受伤，直接经济损失达3.51亿元。事故直接原因是事故车间除尘系统较长

图3 “8·2”昆山工厂爆炸事故

时间未按规定清洗，铝粉尘集聚；除尘系统风机开启后，在打磨过程中产生的高温颗粒在集尘桶上方形成粉尘云。1号除尘器集尘桶锈蚀破损，桶内铝粉受潮，发生氧化放热反应，达到粉尘云的引燃温度，引发除尘系统及车间的系列爆炸。由于没有泄爆装置，爆炸产生的高温气体和燃烧物瞬间经除尘管道从各吸尘口喷出，导致全车间所有工位操作人员直接受到爆炸冲击，造成群死群伤。

☞ 案例反思：（1）造成“8·2”昆山工厂爆炸事故的原因是什么？

（2）从这起事故中，我们可以得到哪些启示？

安全生产——为职业生涯保驾护航

安全是人类在生产过程中，将系统的运行状态对人类的生命、财产、环境等可能产生的损害控制在人类能接受的范围内的状态。与安全相对应的是危险，它是指系统中存在导致发生不期望后果的可能性超过了人们的心理承受能力，其发生可能造成人员伤害、职业病、财产损失、作业环境破坏。安全生产是指为了使劳动过程在符合安全要求的物质条件和工作秩序下进行，防止伤亡事故、设备事故和各种灾害的发生，保障劳动者的安全健康和生产作业过程的正常进行，进而采取的各种措施和活动。

人的生命是最宝贵的，人类的发展不能以牺牲精神文明为代价，不能以牺牲生态环境为代价，也不能以牺牲人的生命为代价。安全生产是经济发展与社会进步的前提、基础和保障。以人为本首先要以人的生命为本，科学发展首先要安全发展，和谐社会首先要关爱生命。

习近平总书记关于安全生产有八句名言：

（1）“人命关天，发展决不能以牺牲人的生命为代价。这必须作为一条不可逾越的红线。”（2013 年 6 月 6 日）

（2）“落实安全生产责任制，要落实行业主管部门直接监管、安全监管部门综合监管、地方政府属地监管，坚持管行业必须管安全，管业务必须管安全，管生产必须管安全，而且要党政同责、一岗双责、齐抓共管。”（2013 年 7 月 18 日）

（3）“安全生产必须警钟长鸣、常抓不懈，丝毫放松不得，否则就会给国家和人民带来不可挽回的损失。”（2013 年 11 月

24日）

（4）“必须建立健全安全生产责任体系，强化企业主体责任，深化安全生产大检查，认真吸取教训，注重举一反三，全面加强安全生产工作。”（2013年11月24日）

（5）“所有企业都必须认真履行安全生产主体责任，做到安全投入到位、安全培训到位、基础管理到位、应急救援到位，确保安全生产。”（2013年11月24日）

（6）“安全生产，要坚持防患于未然。要继续开展安全生产大检查，做到‘全覆盖、零容忍、严执法、重实效’。要采用不发通知、不打招呼、不听汇报、不用陪同和接待，直奔基层、直插现场，暗查暗访，特别是要深查地下油气管网这样的隐蔽致灾隐患。要加大隐患整改治理力度，建立安全生产检查工作责任制，实行谁检查、谁签字、谁负责，做到不打折扣、不留死角、不走过场，务必见到成效。”（2013年11月24日）

（7）“要做到‘一厂出事故，万厂受教育，一地有隐患，全国受警示’。”（2013年11月24日）

（8）“各生产单位要强化安全生产第一意识，落实安全生产主体责任，加强安全生

产基础能力建设，坚决遏制重特大安全生产事故发生。”（2015 年 8 月 15 日）

如何做到安全生产

造成事故的主要原因，既有人的不安全行为，又有物的不安全因素。美国著名安全工程师海因里希通过分析工伤事故的发生概率，提出了著名的海因里希法则。

海因里希通过研究发现，大多数的工业伤害事故都是由于工人的不安全行为引起的。即使一些工业伤害事故是由于物的不安全因素引起的，而物的不安全因素的产生也是由于工人的失误造成的。海因里希指出，当一个企业有 300 起事故隐患时，必然要发生 29 起轻伤或故障，还有可能发生一起重大事故。也就是说，在一件重大的事故背后必然有 29 件轻微事故，还有 300 起事故隐患。从海因里希法则中我们不难发现，安全生产的关键在于每一位从业者对工作的认真态度和责任心。如果经常会发生轻微事故，那么重大事故就不可避免。

在日常生活中，我们需要如何做到安全生产呢?

（1）安全生产要做到预防为主。

加强安全生产工作，关键是要全面落实安全第一、预防为主、综合治理的方针。我们每一个人要做到思想认识上警钟长鸣，制度保证上严密有效，技术支持上坚强有力，监督检查上严格细致，事故处理上严肃认真。

（2）安全生产要做到“慎独”。

“慎独”，出自《中庸》中的“莫见于隐，莫显于微，故君子慎其独也”。其意是指一个人在独处的时候，即使没有人监督，也能严格要求自己，自觉遵守道德准则，不做任何不道德的事。就安全生产而言，“慎独”就是在无人监督、无人管理的情况下，也能自觉遵守安全生产法律法规、规章制度和操作规程，能够自主管理、自我约束，不做不安全的事，不违章指挥，不违章操作，不违反劳动纪律，养成良好的生产作业习惯。“慎独”是安全的一种自律、一种担当、一种责任。它要求在无人监督的情况下，能严格要求自己，自觉遵守安全规章制度和操作规程，熟练掌握安全操作规程，时时处处按章操作，正确操作仪器设备，对每一台机器的检查、检修，每一个零件的更换，每一道工序的操作，都不存一丝一毫侥幸心理，严格按照规章制度和操作规程的要求，认认真真地操作，安安全全地作业，真正做到从他律到自律、从被动到主动的转变，从“要我安全”到“我要安全”的转变，从“我要安全”到“我会安全”的转变。把遵章守纪当作自觉行动，把“从我做起”当作自觉行动，把自我防范当作自觉行动，上安全岗，干安全活，杜绝“三违”（违规作业、违规指挥、违反劳动纪律），自觉做到“四不伤害”（不伤害自己、不伤害他人、不被别人伤害、保护他人不受伤害），以良好的工作习惯，杜绝事故的发生。

安全对于每个人来说都很重要，这就要求每个人在生产中无论是有人监督还是无人监督，不仅要保证自身的安全，还要树立“安全为己、为他、为大家”的道德观念，应该意识到安全意识和安全责任的重要性，对自己的要求应当更严格，并始终牢记“一人把好关，大家得安全”。每个人都应当严格按照有关法律法规、规章制度和操作规程的要求去操作、去作业，这是每个人最起码的责任和义务；每个人都应当对自己承担的工作、生产的产品认真负责，一丝不苟，深刻地了解合格的产品、良好的安全的环境不是靠监督创造出来的，而是靠大家的共同努力创造出来的。因此，每个人都应该做到无论是否有人监督都能始终如一，严格地按照岗位作业标准要求自己，尽职尽责地完成自己的工作任务，履行好自己的安全责任。

（3）安全生产要做到责任重于泰山。

安全系于责任，责任重于泰山。安全工作说一千道一万，关键在于落实安全责任。人最宝贵的是生命，没有生命，一切都无从谈起。安全责任，就是生命的保护神。“前车之鉴，后事之师。”每一个人从自身做起，从现在做起，端正自己的思想作风，增强责任意识，时刻紧绷安全之弦，从严要求，从我做起，预知危险，获得安全，保得平安。

“11·24”丰城电厂施工平台倒塌事故

2020 年 4 月 24 日，“11·24”丰城电厂施工平台倒塌事故正式宣判。经江西省宜春市中级人民法院等法院审理查明，2016 年 11 月 24 日，江西省宜春市丰城电厂三期扩建工程发生冷却塔施工平台坍塌特大事故，造成 73 人死亡、2 人受伤，直接经济损失达 10 197.2 万元。

法院经审理查明，该起坍塌事故属于特

别重大生产安全责任事故。建设单位江西赣能股份有限公司丰城三期发电厂（以下简称“丰电三期”）在未经论证、评估的情况下，违规大幅度压缩合同工期，提出策划并与工程总承包单位中南电力设计院有限公司（以下简称“中南电力设计院”）、监理单位上海斯耐迪工程咨询有限公司（以下简称“上海斯耐迪公司”）、施工单位河北亿能烟塔工程有限公司（以下简称“河北亿能公司”）共同启动“大干100天”活动，导致工期明显缩短。河北亿能公司项目部编制并经中南电力设计院总承包项目部、上海斯耐迪公司项目监理部、丰电三期扩建工程建设指挥部审查同意的《7号冷却塔筒壁施工方案》存在严重缺陷，未制定针对性的拆模作业管理控制措施。对试块送检、拆模的管理失控，在实际施工过程中，劳务作业队伍自行决定拆模。当事故发生时，施工人员在混凝土强度不足的情况下违规拆除模板，造成筒壁混凝土和模板体系连续倾塌坠落，坠落物冲击与筒壁内侧连接的平桥附着拉索，导致平桥也整体倒塌，造成重大人员伤亡和财产损失。

法院经审理查明，相关部门部分工作人员存在玩忽职守、滥用职权等行为，国电丰科学如同大海，要求奋不顾身地拼搏。

城鼎力新型建材有限公司违反合同约定，擅自改变混凝土配合比，未严格按照混凝土配合比添加外加剂，最终导致“11·24”丰城电厂施工平台倒塌事故。江西省投资集团有限公司、江西赣能股份有限公司丰城二期发电厂和江西鸿远实业有限公司部分工作人员还存在贪污、受贿和国有公司、企业人员滥用职权等行为。

法院根据各被告人犯罪的事实、性质、情节、造成的危害后果以及在共同犯罪中的地位、作用，分别依法做出一审判决。

☞ 案例反思：（1）读了“11·24”丰城电厂施工平台倒塌事故案例后，请你分析一下该事故发生的原因有哪些。

（2）读了“11·24”丰城电厂施工平台倒塌事故案例后，请谈谈你的感想。

自我对照修炼法

（1）在日常生活中，要学会遵守法纪法规，养成安全出行、安全做事的习惯。

（2）在学校里，要诚实守信，不说假话、大话、谎话。

（3）遵守学校各项规章制度和其他相关

科学的种子，是为了人民的收获而生长的。

规定，努力做文明的中职生。

（4）在实训或实习中，认真学习并遵守《中等职业学校学生实习管理办法》《职业学校学生实习管理规定》等相关文件，按要求操作机床或其他设备。

（5）认真学习“6S”管理细则，强化安全生产的意识。

（6）遇到问题及时向老师请教，不敷衍了事，不不懂装懂，不私自更改图纸，不弄虚作假。

经验分享

亲爱的同学，把你在修炼该习惯的过程中总结的独到经验和做法写下来，在班级中进行交流，让大家一起分享你的快乐吧。

第五篇 日常行为篇

21. 言行文明

修炼目标

(1) 养成言行文明、礼貌待人的好习惯，用恰当得体的言行来展现自我的内在修养和个体气质。

(2) 在学习和生活中，学会使用礼貌用语，为走向职场做好准备。

案例分享

一个国家的繁荣，不取决于它的国库之殷实，不取决于它的城堡之坚固，也不取决于它的公共设施之华丽；而在于它的公民的文明素养，即人们所受的教育，人们的远见卓识和品格的高下，这才是利害所在，真正的力量所在。

——马丁·路德

科学是永无止境的，它是一个永恒之谜。

常言道：如果你失去了今天，你不算失败，因为明天会再来；如果你失去了金钱，你不算失败，因为人生的价值不在钱袋；如果你失去了文明，你是彻彻底底的失败，因为你已经失去了做人的真谛。

言行文明是全人类为了维护社会正常的运转而要求人们共同遵守的最基本的道德规范，它形成于人们的长期共同生活和相互交往中，并且以民间风俗、生活习惯和民族传统等方式固定了下来。言行文明涵盖了世界上人与人、人与社会、人与自然之间的关系。它的主要作用有：追求个人道德的日臻完善，维护公众的利益和社会中的公共秩序。

对公民个体来说，言行文明是其思想道德水平、文化修养、交际能力的外在表现。关于人在年幼的时候形成良好的言语和行为上的习惯有多么重要，国际上流传着一个很有名的故事。记者访问一名获得了诺贝尔奖的科学家：“教授，您好！您人生之中最重要的东西是在哪里学到的呢？”科学家回答说：“记者，你好！我是在幼儿园里学到人生之中最重要的东西的！”记者听了之后非常吃惊，于是又追问道：“幼儿园？您不是知识不存在的地方，愚昧就自命为科学。

在开玩笑吧！”这位科学家微笑着点头，说：“是的，没错！我在幼儿园里学习并养成了我一生中受益无比的习惯，比如吃饭之前要洗手，有美好的东西一定要记得与朋友分享……”

其实，我们中职生做到言行文明也并不困难，主要难在习惯的养成，就是从吃饭、洗手这些小事做起。

英国著名教育家约翰·洛克说：“礼貌是儿童与青年所应该特别小心地养成习惯的一种大事。”曾经，有位非常伟大的国家领导人，他在生活中待人很温和，随时随地都文明有礼。有一天，他从办公室出来正准备下楼，正巧碰见一位女工人端着一盆水上楼。楼梯非常狭窄，女工人一看是国家领导人，立马退回去给他让路。而国家领导人阻止她说：“不必这样，你端着东西已经走了大半程了！而我现在是两手空空，所以还是请你先过吧！”国家领导人把“请”字说得很响亮，很亲切随和。当女工人上楼的时候，国家领导人努力地紧贴墙壁，生怕自己挡了女工人的路。从这个故事中，我们可以体会到，文明的习惯已经渗透到我们日常生活的点滴之中，渗透到我们平时的举手投足科学是实事求是的学问，来不得半点虚假。

之中，体现了我们个人的文明素质与修养。

对一个国家来说，公民言行文明是社会文明程度、道德风尚和生活习惯的反映。重视并开展言行文明的相关教育已成为道德实践的一个重要内容。中国古代儒家圣贤孔子曾说过："质胜文则野，文胜质则史。文质彬彬，然后君子。"这句话的意思是，质朴胜过了文采就会显得粗野，文采胜过了质朴就会显得虚浮，质朴和文采比例恰当，然后才可以成为有学问有修养的人。有君子存在，一个国家才能诞生和存在！

回归当下，2016 年教育部为深入贯彻习近平总书记系列重要讲话精神，培育和践行社会主义核心价值观，进一步加强中等职业学校德育工作，印发了《中等职业学校学生公约》（以下简称"《公约》"），其中第四条规定"讲文明，重修养。尊师孝亲，友善待人；诚实守信，言行一致；知错就改，见贤思齐"。第六条规定"辨美丑，立形象。情趣健康，向善向美；仪容整洁，衣着得体；举止文明，落落大方"。这些都是针对中等职业学校学生的言行文明提出的明确而具体的要求。

如果我们的中职生能切实达到《公约》

人借助于科学，就可纠正自然界的缺陷。

中的言行规范要求，那么无论你如何变换身体的姿态，都能展现出较高的道德涵养。从现在开始，让我们学会从生活细节入手，提升言行文明素养吧！

有涵养的奶奶

德国在号召全国人民讲文明、讲礼貌，找回日耳曼民族古老的传统礼仪时，特别宣传了民间一个“老奶奶过马路”的案例。在一个十字交叉路口，空无一人，红灯亮了，年迈的老奶奶安静耐心地等待着，一直等到红灯灭了、绿灯亮了，左右观察了一番才过马路，监控拍下了这非常自律的一幕。后来，有人问老奶奶在没有人和车的情况下她为什么不通过时，老奶奶笑着回答说：“我是担心，那些在楼上的孩子们看到我乱闯红灯的行为后，会认为这样做是合理的，那就毒害了他们。”老奶奶的话，让我们看到了她在修养上相当克己自律的一面。在有人的情况下言行文明，包括在没有任何人的情况下，依旧如此，不欺暗室，让言行文明的准则流淌在我们每个人的血液和思想中。

得理让人的老人

在一辆拥挤的公交汽车上，有一位年轻

女士抱着孩子上了公共汽车，没人给她让座，一位老先生看不过去，站起来给这位女士让了座，慌忙之中，女士的高跟鞋踩到了老先生的脚，痛得老先生直不起腰。可这位女士一屁股坐了下来，一句话都没说。

这个时候，乘客中有一位中年人看不下去了，指责女士不懂礼貌："别人给你让了座，你踩了老先生的脚，既不说感谢又不道歉，太过分了！"而女士却理直气壮地回答："你不知道吗？给抱小孩的乘客让座是应该的！你们这些不让座的人不好好检讨自己，还出来指责我，真是笑话！"

全车的人都开始对这位不懂礼貌的女士进行指责："老先生岁数这么大，给你让座，你踩了人家的脚既不道歉，又不说声'谢谢'，怎么能这样呢？"这位女士不服气，与众人大声争吵。最后还是让座的老先生出面劝架，让双方都少说两句，才平息了争吵。这位老先生岁数大，却能为抱小孩的年轻女士让座，脚又被踩还不生气，老先生是懂礼有理，准确地说，他是得理让人，品质可贵，值得提倡。

儒雅有礼的周总理

1962 年的一天，周总理在北京西郊机

智慧、勤劳和天才，高于显贵和富有。

场为柬埔寨西哈努克亲王及其夫人送行。亲王的飞机刚一起飞，我国欢送的人群便各自散开，准备回去。而这个时候我们的周总理依旧站在原地，望着远去的飞机，一动也没有动。身边的工作人员劝周总理可以离开了，却遭到了周总理严厉地批评："你们怎么没有一点礼貌！各国外交使节还在那里，飞机还没有飞远，所有的客人还没有走，如果我走了，这不就代表对客人的极度不尊重吗?"

当天下午，周总理就把外交部礼宾司和国务院机关事务管理局负责的同志找去，要他们立即在《礼宾工作条例》上加了一条，即今后到机场为贵宾送行，须等到飞机起飞，绕场一周，双翼摆动三次表示谢意后，送行者方可离开。

☞ 案例反思：(1) 以上三个故事告诉你什么道理？

(2) 中职生应该在生活中注意哪些言行上的文明礼仪呢？

践行言行文明，点滴从我做起

我国是礼仪之邦，素来讲究文明礼貌。孔子认为“不学礼，无以立”，贾谊把社会没有智慧的蛮力是没有什么价值的。

中的人是否讲礼、守礼看作人与兽的区别。

在现代文明社会，讲文明、懂礼貌，这种美德是应当得到大力弘扬的，因为它对于形成良好的社会风气，提升整个民族的素质，具有重要的意义。因此，我们的中职生应当顺应时代的要求，做一个讲文明、懂礼貌的公民。

那么，到底如何规范自己的言行，才能实现言行文明呢?

首先，我们要注意培养自己美好高尚的心灵。从表面上看，言行文明是外在表现;但从本质上看，言行文明蕴含着内在的思想和情感。真正讲文明、懂礼貌的人，是有着美好心灵的人。美好的语言和行为都是美好心灵的体现，这就是人们常说的“言为心声”“形为内现”。

其次，我们要在日常生活中根据文明礼貌的道德标准，来规范自己的言行举止。言行文明，重在表现。主要包括四点:谦虚礼让、谈吐文明、举止端庄、讲究卫生。如果每个人能够做到以上四点，也就不愧为“礼仪之邦”的成员了。

德国著名文学家歌德有句话说得好:“一个人的礼貌就是一面照出他肖像的镜

智慧意味着以最佳的方式追求最高的目标。

子。”的确，无论是在学习、工作还是生活中，人们总会根据你的言谈举止来评价你。因为文明礼貌是人类和谐相处的金钥匙，只有拥有它才会有幸福和快乐。

☞ 案例反思：(1) 你认为自己能时刻做到言行文明吗？

(2) 言行文明会给你的学习、生活和未来的工作带来哪些优势呢？

自我对照修炼法

(1) 你会遵守学校的规章制度，每天做到不迟到、不早退吗？

(2) 你会在课堂上做到认真听讲，自觉维护课堂秩序吗？

(3) 你能在日常的异性同学交往中做到言行恰当得体吗？

(4) 你会遵守学生公寓内行为准则，按时熄灯就寝，不喧哗，不打闹，不影响他人的正常学习和生活吗？

(5) 你会在生活中不打架斗殴、不赌博、不偷盗、不酗酒，以及不观看反动、淫秽书刊和声像制品，与不良倾向和违法行为做斗争吗？

（6）你会在校园内骑车避让行人，上下楼、过楼道靠右行，出入教室、办公室、会场等场所按指定线路行走吗？

（7）你会在观看比赛时做文明观众，自觉遵守并维护运动场的秩序，不鼓倒掌，不喝倒彩，不做妨碍他人安全的事情吗？

（8）你会遵守交通规则，文明过马路吗？

（9）你会因为自己的穿着而充满自信吗？

（10）你会做到在公共场合不乱扔果皮、纸屑，爱护公物，不乱写乱画吗？

（11）你会把在学校期间学到的文明礼仪带入职场中吗？

实践提升

（1）从今天起，检查并反省自己的言语和行为，以讲文明、懂礼貌、重修养的高标准严格要求自己。

（2）了解所学的专业和未来的职业生涯对求职者在言行方面的要求，以职场人士的言行要求对照自己的言行，为今后融入职场养成言行文明的好习惯。

无知会使智慧因缺乏食粮而萎缩。

经验分享

亲爱的同学，把你在修炼该习惯的过程中总结的独到经验和做法写下来，在班级中进行交流，让大家一起分享你的快乐吧。

人类的智慧就是快乐的源泉。

22. 勤于阅读

修炼目标

(1) 养成勤于阅读、热爱阅读的好习惯，通过汲取经典作品中的人文精髓，提升自身的文化修养。

(2) 学习并掌握良好的阅读方法，提升自己整理、归纳、撰写文字的能力。

案例分享

高尔基曾说：“书籍是人类进步的阶梯。”莎士比亚曾说：“书是全世界的营养品。”我国古代文人云：“读万卷书，行万里路。”每个中职生都要培养自己的阅读习惯，当某一天你从内心深处真正爱上阅读，而且也掌握了阅读和写作的方式，那么，你不仅可以实现“读书百遍，其义自见”，还可以达到“读书破万卷，下笔如有神”的境界。

有的朋友问，人为什么要勤于读书？世界名人培根说过：“读史使人明智，读诗使人灵秀，数学使人周密，科学使人深刻，伦理学使人庄重，逻辑修辞之学使人善辩。”这其中有很多层意思，但可以凝练为一个良好的人生是受行动和智慧指导的。

词，那就是“开卷有益”。如果我们不多读书，哪来的这么多知识呢？如果没有了丰富的知识，我们如何去辨别人世间的美与恶呢？书是历史经验的总结，也是人类文化的结晶。勤于读书，精于阅读，可以帮助我们领悟人生道理，可以帮助我们洞晓世事沧桑，还可以帮助我们化知识为力量兼济天下。马克思在写《资本论》时，就读了1 000册的自藏书，还到大英博物馆看了3间房子的书。

古人常说：“人可一日不食肉，不可一日不读书。”美国著名科学家富兰克林小时候十分喜爱写作，可总是在遣词造句、结构层次上稍欠火候。当他为此而苦恼的时候，父亲就鼓励他多读书、读好书，让他把书中的妙词佳句摘抄下来，并经常拿出来朗读、背诵，再用自己的话进行翻译，由此就可以把书中的精华收为己用了。于是富兰克林采纳了父亲的建议。从此以后，他不仅多读好书，还勤奋地做好了读书笔记。1 年之后，他不但写起文章来得心应手，而且还发现了书中的不足，及时在旁边写上自己的批注。

富兰克林的例子给了当下的青年很大的启示。那么，中职生应该如何科学有效地阅读书籍呢？据调查，目前有一些中职生沉迷与智慧相伴的是真理，智慧只存在于真理中。

于武侠、言情、科幻等小说之中，甚至达到废寝忘食的地步。这些学生一旦在小说中“着了魔”，就将学习抛在一边、忘到脑后，成绩也一落千丈。

所以，我们提倡先从阅读经典开始，诸如读中国的四大名著、古代的圣贤之书等。然后，在每个学期开始，中职生可以为自己制订一份阅读计划书，按照计划书的步骤来有序地完成阅读任务，从易到难，由浅入深地汲取知识。

英国作家菲尔丁说过：“不好的书也像不好的朋友一样，可能会戕害你。”所以在读书之前，我们要理性鉴别，取其精华，去其糟粕。在这个信息化的时代里，读书是我们获取知识的主要途径之一。多读书可以丰富我们的知识储备，提升我们的文学修养，对日后的说和写都有很大的帮助。

凿壁借光

在我国古代，有个农民的孩子，叫匡衡。他非常喜欢学习，可是因为家里实在太穷，他一直上不起学。匡衡爱好读书，可在当时只有有钱的人家才能买得起书，而且他们也不肯借给别人看。

由智慧所养成的习惯能成为第二本性。

这可怎么办呢？匡衡想到了一个好办法，就是在农忙的时候，到有钱的人家去做好工，收割粮食，他不要工钱，只要能够借几本书给他看就行。

他一天到晚地干活，只有中午歇息的时候，才有一点点时间可以用来看书，所以要看完一卷书需要花很长的时间。这样下去可不行，匡衡的心里很是焦急。

他想：我白天要干农活没有时间看书，但可以利用晚上的时间多看一会儿啊！可是问题又来了，由于家里穷，我买不起油灯，夜里看书也不行啊！

一天晚上，匡衡躺在床上背诵白天读过的书，突然发现从墙壁的缝隙里射出一丝丝光线，他立马站起来，趴在墙上仔细观察，原来从缝隙里射过来的是邻居家的光。他立马灵机一动，拿出小刀，把缝隙凿得大一些，这样就可以借到光，用来看书了！这就是凿壁借光的故事。匡衡就是这样刻苦地学习，后来成了一个很有学问的人。

驱寒苦读

鲁迅先生从小认真学习。在他少年的时候，在江南水师学堂读书，第一学期成绩优异，学校奖给他一枚金质奖章。他立即拿到南京鼓楼街头卖掉，然后买了几本书，又买了一串红辣椒。每当晚上寒冷时，夜读难耐，他便摘下一颗辣椒，放在嘴里嚼着，辣得额头直冒汗。他就用这种办法驱寒，坚持读书。由于他刻苦读书，后来终于成为我国著名的文学家。

韦编三绝

孔子是儒家学说的代表人物之一，他一生学习刻苦勤奋。晚年的孔子特别喜欢读《易经》。可是《易经》很难读懂，读起来也非常困难，可是孔子不怕苦，不怕累，拼命苦读，一定要钻研透《易经》才肯罢休。由于孔子所处的时代，我国还没有发明纸张，书都是写在竹简上的，又重又厚，不方便携带。于是，孔子就想到一个好办法，他把这些竹简用皮条绑在了一起，这样就成了一册书。

由于孔子勤于读书，翻书的次数太多，以至于皮条竟然被用断了三次。后来，人们便创造出了“韦编三绝”这个成语，以传诵孔子勤奋好学的精神。

☞ 案例反思：(1) 以上三个案例告诉你什

么道理？

(2) 勤于读书对中职生提升文化修养有什么帮助呢？

腹有诗书气自华

如何让中职生学会读书、辨别好书、养成读书的习惯？这是亟待解决的现实问题。

首先，自我激发读书的兴趣。兴趣是最好的老师，是学生积极主动读书的内在动力。这是古今中外的教育家反复论证得出的重要结论。因此，要引导中职生养成良好的读书习惯，老师可以通过问题激发、目标引导、效能激励等方法，有意识地调动他们潜在的积极因素，激发他们读书的兴趣。

其次，锻炼深厚的读书功力。何为功力？它是指功夫和力量。"水滴石穿"，这是自然界事物相互作用的结果，表现出水的功力。"铁杵磨成针，功到自然成。"这里讲的"功"也是指功夫和力量。功夫和力量达不到，事情就难以成功，读书学习同此道理。绝大多数中职生想读书，也爱读书，但成效甚微，收获不大，究其原因，就在于动力不足，功力不到。因此，中职生读书应当注意锻炼自己的功力，坚持不懈，久而久之就成为习惯了。

最后，掌握正确有效的读书方法。读书是获取知识、活跃思维、提升能力的捷径。细想起来，不少中职生大都不会读书，不善读书，没有掌握正确有效的读书方法，读起书来，收效甚微。因此，要养成良好的读书习惯，我们必须掌握正确有效的读书方法。例如，读书前要制订周密的阅读计划；读书要循序渐进，先从简单易懂的书读起，再读较难的书，这样就有了阅读梯度，不会非常费力；要掌握读书的技巧，诸如扫读、跳读、错序阅读、分配阅读等。当然，在读书的实践过程中，要结合自己的实际情况，择优选用读书的技巧，并逐渐形成自己的读书风格。

总之，中职生要养成良好的读书习惯，可以有多种方法和途径，目的都是发展和提升自我的能力，建立起行动的自信，满怀希望地面对未来的挑战，最终走向成功。

☞ 案例反思：(1) 请简要归纳上文介绍的和读书相关的主要内容。

(2) 养成良好的读书习惯是一蹴而就的吗？

自我对照修炼法

（1）你能保证一个学期内读 4～6 本书吗？

（2）你是否养成读完书后做读书笔记的习惯呢？

（3）你曾经为书中主人公的故事所感动吗？

（4）你有一边读书一边在书中空白处做批注的习惯吗？

（5）你曾经在学校图书馆借过书吗？

（6）你会定期去书店买书吗？

（7）你会每天利用课余时间在手机上阅读电子书吗？

（8）你会及时摘抄书中出现的好词好句吗？

（9）你觉得读书可以拓宽知识面，提升文学修养吗？

（10）你觉得勤于读书可以为自己将来走上职业岗位打下坚实的基础吗？

实践提升

（1）为本学期的阅读制订一份详细而完

成功是战胜艰难险阻的奋斗结晶。

整的计划，坚持每天晚上抽出 1 小时读书。

（2）通过中职阶段的读书养成计划，拓宽知识面，提升气质，锤炼品德。

经验分享

亲爱的同学，把你在修炼该习惯的过程中总结的独到经验和做法写下来，在班级中进行交流，让大家一起分享你的快乐吧。

23. 积极锻炼

修炼目标

（1）学习体育知识，掌握一定的锻炼技能。

（2）养成热爱体育、积极锻炼身体的好习惯，全面增强身体素质。

案例分享

2007年5月7日，中共中央、国务院印发了《关于加强青少年体育增强青少年体质的意见》（中发〔2007〕7号）指出：中央设立专项资金，实施“全国亿万学生阳光体育运动”器材支持项目，帮助义务教育阶段中西部农村学校配备体育活动器材。鼓励学生走向操场、走进大自然、走到阳光下，形成青少年体育锻炼的热潮。确保学生每天锻炼1小时，每个学生每周至少参加3次课外体育锻炼。这些充分显示了国家对青少年体质健康的重视程度。

俗话说，铁不冶炼不成钢，人不运动不健康。对身心正处于发育期的青少年来说，适当的体育锻炼对身体健康很有好处。因为这个阶段的体格增长是最快的，体育锻炼可以使身体中各个器官获得充足的氧气和营养物质，以促进身体的生长发育。另外，体育锻炼还可以改善人体的新陈代谢，促进身体各个部分骨骼的生长，增加骨密度，强健人体的肌肉，增强心肺功能，加大肺活量。通过调研，我们发现，经常进行体育锻炼的人神经系统的调节功能得到强化，身手更为敏捷、灵活。此外，体育锻炼可以消耗掉我们身体多余的脂肪，帮助我们塑造形体。

体育锻炼可以给人带来愉悦感，缓解紧张的情绪，减轻学习产生的压力。因为体育锻炼可以调节神经系统功能，增强记忆力和反应能力，提高学习效率；同时，体育锻炼可以促使青少年养成开朗的性格，缓解抑郁和焦虑的情绪。

另外，青少年还可以在体育锻炼中培养勇敢拼搏和吃苦耐劳的优良品质，勇敢地追逐梦想，并为梦想不断奋斗。此外，参与一些团队体育比赛，可以让青少年感受到团结协作的重要性，这将有助于他们学习协调人际关系，学会表现自己的才能与实力。

魏书生是当代著名的教育改革家。他自1978年任中学教师，在教育改革中做出了突出成绩。比如他要求学生每天要坚持长跑5 000 米，做仰卧起坐和俯卧撑 100 次。这是多么大的运动量啊！对一般人来说是难以理解的。而魏书生却认为："这样做，不仅增强了学生的体质，还磨炼了学生的意志，在现代社会，这种百折不挠的意志是一个成功者不可缺少的条件。"实践证明，魏书生的学生无论是体质还是意志，都是同龄学生中的佼佼者。

总之，生命在于运动，健康离不开运动。体育锻炼可以帮助青少年克服生理和心理上的障碍，促进他们的身心健康发展。

热爱运动的布什

对美国人来说，美国前总统布什堪称运动楷模。布什平时比较喜欢在健身房跑步或者做一些器械训练，他的重量训练包括坐姿推举、扩胸与扩背运动等。

据媒体透露，2005 年，时任美国总统的布什在访问墨西哥期间，曾在空军一号会议室的跑步机上跑步。由此看来，布什非常热爱运动，他的身体素质还是很不错的。无论是在他的总统套房里、戴维营的林间小道上，还是在白宫顶楼的健身房里，你都能看到布什挥洒汗水、积极锻炼的身影。据统计，他跑步的最好成绩是 6 分钟 45 秒跑完约 1.6 千米的路程。他每天都坚持跑步和举重的锻炼，而且训练都非常专业，所以拥有了让人羡慕的体魄。可以说，布什是我们在锻炼身体过程中积极的榜样。

运动健身的李光耀

这里要和大家分享新加坡前总理、前内阁资政李光耀的健身故事。李光耀虽然已年过古稀，但仍然头脑清楚、精神饱满、腿脚利落。这样健康的身体离不开他积极的锻炼。每天，雷打不动的长跑，时长为 20 分钟，这是李光耀对自己的要求，也是他一直以来坚持不变的原则。李光耀说：“我每天都做运动，如果不做，便会感到懒散，我发现健身操使我感觉更好，不仅能开胃，也能睡得更好。”

李光耀经常进行的运动项目除了跑步之外，还有游泳和骑自行车。无论去哪个国家访问，他都会带好一部可以折叠的健身脚踏车，在清晨或者晚饭之前进行运动。他认为，只有运动的人生，才能经久不衰、活力十足。当然，李光耀的养身之道有很多，他除了体育健身之外，还提倡要拥有充足的睡眠，所以他每天都保证至少 8 小时的睡眠。因为只有睡眠充足了，才能有旺盛的精力来完成工作。

步行上班的希拉克

法国前总统希拉克可以说是欧洲各国政府首脑的老大哥，西班牙前首相阿斯纳尔和英国前首相布莱尔、美国前总统布什、俄罗斯总统普京的年龄都比他小。但他看上去总是很年轻，这得益于他一直拥有一副运动健将的身板儿。

希拉克身材高大，体魄健壮。但了解他的人都知道，他其实不太喜欢体育运动，也没有到森林或海滨散步的习惯，他健身的秘诀是一有空闲就抓紧时间睡觉。他常做的运动是每天早上 8 点 30 分离开爱丽舍宫，步行去办公室上班。

看来，生命的真谛在于运动，这是一句经得起推敲的话!

☞ 案例反思：（1）以上三个案例反映的共同点是什么？

（2）积极锻炼对中职生身心的全面健康发展有哪些积极的作用？

有知识的人不实践，等于一只蜜蜂不酿蜜。

激发运动兴趣，积极强身健体

中职生群体中不乏懒惰的个体，因为体育锻炼需要花费力气，所以在现实生活中，热爱运动的中职生并不多。那么，我们应当如何引导中职生对于运动的再认识，帮助他们打造强健的体魄呢?

首先，转变观念，提高对体育的社会认知水平。我们需要转变“重学业、轻体育”的教育观念。体育作为一门特殊的课程，包含理论教学课和实践教育课，重在发展中职生的体能，培养中职生体育锻炼的基本能力、技术和方法，为中职生的文化学习提供健康保证，使他们从中受益。此外，我们还要提高对体育的社会认知水平。不断宣传国家日益重视体育这门功课以及体育的价值和功能，让学校、家庭和社会重新认识体育运动。

其次，循序渐进，促进主动参与。中职生一般具有好奇心强的心理特征。他们对体育运动项目和基本知识还缺乏了解，我们要帮助中职生通过运动实践去体验乐趣，从而培养中职生对体育运动的兴趣。此时，教师应该示范讲解，立足社会所需要的体育知识和技能，从而使中职生形成终身体育锻炼的意识。其实，开展游戏比赛往往能够促使中职生集中注意力。在运动场上，组织游戏比赛是教师惯用的方法，也是激发中职生学习的兴趣的直接途径。中职生一旦在游戏比赛中获得精神上或物质上的奖励，成功的喜悦就可以激发他们学习的兴趣，促使他们更积极地去完成动作，掌握要领，迎接新的挑战。但应注意比赛的方式要使各类学生都有获胜的机会，不然会导致不善于此项目的学生因失败而丧失信心。

最后，总结评价，延伸学习兴趣。总结评价重在表扬和鼓励，使中职生体验成功的喜悦，延伸练习的兴趣，但在总结评价中要注意以下几点：善于表扬动作优美的学生，这样可以满足其成功的欲望；对于其他学生，可激发其学习的兴趣，对其进行适当的鼓励；对于身体素质差、动作不规范，但训练认真的学生，应当给予肯定和表扬，这样会有助于提高其参与运动的积极性。

因此，在体育运动中，教师应当采用多元化的方法，及时更新运动内容，激发和培养中职生运动健体的兴趣，鼓励其主动参与，提高其运动认知水平，最终让他们在运动中真正获益。

☞ 案例反思：（1）案例中提及引导中职生积极参与体育锻炼的方法有哪些？

（2）你还有其他更实用的方法吗？

自我对照修炼法

（1）你能保证每天花半个小时运动吗？

（2）你掌握运动知识和一些必备的运动技能吗？

（3）你掌握针对运动中意外受伤的有效自救方法吗？

（4）你参加过学校组织的运动会吗？

（5）你会在体育课上认真听指挥做运动吗？

（6）你会把体育课上学到的运动技能运用到生活中吗？

（7）你会在空余时间和家人、朋友进行体育运动吗？

（8）你喜爱的体育运动有哪些呢？

（9）你觉得积极参加体育运动和中职生健康成长有一定的关联吗？

（10）你能体会到运动带来的个体变化和乐趣吗？

（11）你觉得拥有一个健康强壮的身体，对将来就业会有帮处吗？

实践提升

（1）为本学期的运动制订一份详细而完整的计划，坚持每天半小时的体育锻炼。

（2）通过运动计划，积累体育知识，掌握运动技能，拥有健康体魄。

经验分享

亲爱的同学，把你在修炼该习惯的过程中总结的独到经验和做法写下来，在班级中进行交流，让大家一起分享你的快乐吧。

诚实是人生的命脉，是一切价值的根基。

24. 热爱劳动

修炼目标

(1) 养成热爱劳动，从“我”做起，脚踏实地的好品质。

(2) 尊重劳动成果，学习劳模精神，提升个人素养。

案例分享

俗话说：“一屋不扫，何以扫天下。”古往今来，劳动是中华民族传承千年的优良传统，它也被当作传统美德千古传诵。一个人，只有热爱劳动，才能注重细节，脚踏实地；一个国家，只有热爱劳动，才能物质富足，生活丰盈；一个民族，只有热爱劳动，才能自强不息，永葆活力。

高尔基说“我知道什么叫劳动：它是世界上一切欢乐和美好事情的源泉”。现如今，我们仍然秉承着“劳动最光荣”的美德，社会上涌现出了一批批劳动模范，他们有勇于创新、争创一流、与时俱进的进取精神和开拓精神；他们有艰苦奋斗、艰难创业的拼搏精神；他们有淡泊名利、默默耕耘的“老黄牛”精神和甘于奉献、乐于服务的忘我精神。

热爱劳动早已深入人心。对于我们中职生来说，“劳动光荣，技能宝贵，创造伟大”更是成为一种时代风尚。与此同时，我们还要谨记“粒粒皆辛苦”，尊重劳动成果，勤俭节约，艰苦奋斗。

所以，我们要从小事做起，从自身做起，脚踏实地，勤勤恳恳，将劳动的精神播撒到生活、学习的每个角落。“纸上得来终觉浅，绝知此事要躬行”，我们要把空想落到实践中，去奋斗，去拼搏，一定会成就出彩的人生。

寒号鸟的故事

森林里，阳光明媚，鸟儿们欢快地开始了一天的劳动。树上有一只寒号鸟，它有着漂亮的皮毛和嘹亮的歌喉。它到处炫耀自己，看到别人的辛勤劳动，反而嘲笑不已。好心的鸟儿提醒它说：“快垒个窝吧！不然冬天来了，你怎么度过呢？”

寒号鸟不以为然，仍然尽情地玩耍。就这样，很快冬天来了。鸟儿们都躲在自己的窝里，只有寒号鸟无处安身，在寒风中冻得生活的理想，就是为了理想的生活。

瑟瑟发抖。它用美丽的歌喉悔恨过去，哀号未来："哆啰啰，哆啰啰，寒风冻死我，明天就垒窝。"

第二天，太阳出来了，寒号鸟沐浴在阳光中，又忘记了昨天的痛苦。

鸟儿们劝它："快垒个窝吧，不然晚上又要发抖了。"

寒号鸟嘲笑它们说："不会享受的家伙。"

晚上又来临了，寒号鸟不断地重复，但是窝一直没垒成。就这样重复了几个晚上，大雪突然降临，寒号鸟再也没出声了。

太阳一出来，大家四处一看，寒号鸟早已被冻死了。

那些只顾眼前，得过且过，不做长远规划、不辛勤劳动去创造生活的人，最终会被生活所抛弃。

☞ 案例反思：(1) 寒号鸟是怎么被冻死的呢？

(2) 一味地只知道享受会有什么恶果呢？

劳动者最快乐，劳动者最美丽

"五一"国际劳动节来临之际，正是春暖花开、暖风习习的好时节，但是全国劳动模范、中车眉山车辆有限公司铸钢分公司电炉工段长、高级技师廖仲宾，每天都处在“高温”的烘烤之下。

让我们走进他的工厂看一看。工友们个个全副武装——身着厚厚的劳保服，脚穿结实的大头靴，头戴安全帽和护目镜，迈步走进电弧炉冶炼作业区。作业区内，测温仪显示环境温度高达 51 ℃。这是常人所不能忍受的温度。按照前期制订的冶炼方案，廖仲宾和 6 名工友紧张而有秩序地开展工作。

“炼钢最难掌握的是钢在冶炼过程中的温度。”廖仲宾一边示范，一边向徒弟高飞传授精确判断炉温的方法。师徒俩一炉一炉地盯着钢水看，观察冶炼过程中钢水颜色的变化。一个班次下来，他们俩的眼睛被烤得又疼又肿。

加铁、吹炼、出钢……炼钢的过程，是一个“连轴转”的精密流程。从 29 年前走进铸钢车间的第一天开始，廖仲宾和工友们都是在车间中匆匆就餐，随即又披上“战袍”，继续高温作业。

这些年，廖仲宾努力把安全生产的风险降到零、把产品的质量做到一百分。

正是凭着这样一股干劲，廖仲宾从一名最艰苦、最基层的炉前工，做到电炉班长，三军可夺帅也，匹夫不可夺志也。

再做到全面主持炼钢操作和管理的电炉工段长。他敢于创新，牵头攻破炉外精炼（吹氩）技术，发明白渣钢操作法、钢包喂线操作法、炉外精炼操作法等，成为一名铁路货车制造业钢水冶炼技能大师。在火红的炉膛前，廖仲宾与工友们一起书写劳动者最美的诗篇。

☞ 案例反思：（1）廖仲宾每天的工作是什么样的呢？

（2）你能说说新时代的劳模身上有哪些品质吗？

自我对照修炼法

（1）你会认真完成班级的值日工作吗？

（2）你会参加公益劳动吗？你会打扫小区内的卫生、散步时捡垃圾吗？

（3）你会帮助父母做力所能及的家务吗？

（4）你能一丝不苟地完成作业吗？

（5）你会在实训课上，积极动手、动脑，认真完成操作吗？

（6）班级里又脏又累的活，你会愿意干吗？

业精于勤，荒于嬉；行成于思，毁于随。

（7）你会尊重清洁工人吗？炎热的夏天里，你会为他送瓶水吗？

（8）你会用自己的专业技能去服务社会吗？

实践提升

（1）从今天起，让我们确立吃苦耐劳的劳动观念，养成积极主动的劳动态度，学习一定的劳动技能，养成良好的劳动习惯。

（2）从今天起，让我们更加尊重劳动者，尊重劳动者的劳动成果，向劳动者学习，练就过硬的专业技能，通过劳动为社会创造财富。

经验分享

亲爱的同学，把你在修炼该习惯的过程中总结的独到经验和做法写下来，在班级中进行交流，让大家一起分享你的快乐吧。

少壮不努力，老大徒伤悲。

25. 勤俭节约

修炼目标

（1）了解勤俭节约的深刻内涵，树立勤俭节约的意识。

（2）养成勤俭节约的好习惯，在社会生活中努力做到勤俭节约。

案例分享

勤俭节约是中华民族的传统美德，也是传承艰苦奋斗精神的永恒话题。“历览前贤国与家，成由节俭破由奢”，历史告诉我们：只有以勤俭节约、艰苦奋斗的精神作为支撑，我们才能实现中国梦的伟大复兴。我们学习孔子“近悦远来、选贤任能、节俭持国”的思想，在新时代的今天，我们仍要秉承节俭的美德；诸葛亮曾经在《诫子书》中提道：“夫君子之行，静以修身，俭以养德。”他的这番话告诉我们要养成良好的德行，就要先养成勤俭节约的好习惯。

然而，随着生活水平的不断提高，物质条件的日益充足，有些学生缺乏勤俭节约的意识，喜欢盲目消费，相互攀比，奢华聚餐；有些学生正餐叫外卖，随意浪费粮食；还有些学生在教室、宿舍浪费水电……这些铺张浪费的现象时常有之。不知何时，大家早已忘了“谁知盘中餐，粒粒皆辛苦”的箴言；不知何时，大家早已不再思索“一粥一饭，当思来之不易”的真谛。

同学们，今日的美好生活来之不易，是由我们祖祖辈辈辛勤劳动创造的。我们要珍惜前人的劳动成果，传承着勤俭节约、艰苦奋斗的优良美德，这样才能为子孙后代们创造更好的条件。同学们，让我们从衣食住行的小事做起，秉承勤俭节约的精神，让这一传统的民族精神在新时代迸发出勃勃生机。

把勤俭节约作为立身之本

在春秋时代的鲁国有一位著名的外交家——季文子，他为官30多年，一生俭朴，以勤俭节约作为立身的根本，他的家人也过着俭朴的生活。季文子穿衣只求朴素整洁，除了朝服以外，没有几件像样的衣服，每次外出，所乘坐的车马也极其简单。有个叫仲孙它的人对季文子说：“您身为上卿，德高望重，但听说您在家里不准妻妾穿丝绸衣服，也不用粮食喂马。您自己也不注重容貌服饰，这样不是显得太寒酸，让别国的人笑话您吗？这样做也有损于我们国家的体面，人家会说鲁国的上卿过的是一种什么样的日子啊！”

季文子听后，淡然一笑，严肃地答道：“你且看看我们国家的百姓，还有许多人吃着难以下咽的食物，穿着破旧不堪的衣服，在路边受冻挨饿。想到这些，我怎能忍心为自己添置家产呢？况且，我听说一个国家的强大与光荣，只能通过臣民的高洁品行表现出来，而不是以他们拥有美艳的妻妾和骏马来评定的。”

这席话听得仲孙它满脸羞愧，同时也使他的内心对季文子更加敬重。

☞ 案例反思：（1）季文子的勤俭节约体现在哪些方面？

（2）你觉得他的德行是否配位呢？

勤俭节约的好榜样

周总理在中华人民共和国成立后始终保持着艰苦朴素、躬行节俭的作风，他的故事至今广为流传，成为佳话。

中华人民共和国成立后，为了方便接见外宾和出席会议，周总理做了一套青色粗呢富贵不能淫，贫贱不能移，威武不能屈。

毛料中山服、一套蓝卡其布夹衣和一套灰色平纹布中山装。这几套衣服，周总理整整穿了10年仍然整洁、挺括。其实，周总理有两只袖套，办公时必定套在胳膊上，这样就可以保护臂肘不会磨损得太快。然而，他一天工作长达十七八个小时，天长日久，中山装仍不免被磨损、磨破，他便将其送去请裁缝织补好继续穿。

平时，周总理一直在中南海西花厅内工作和生活。这是一间老屋，陈旧、阴暗、潮湿。

一次，秘书又以维修文物为名向周总理建议维修西花厅，但周总理明确表示："哪里坏了修哪里，绝不能铺张浪费。"不久，周总理外出视察，秘书趁这个机会指挥维修工铺上了地板，撤走了发霉的旧地毯换上新的，封严了漏风的窗户，挂上了厚厚的呢窗帘，又搬来两把沙发，把房梁重新刷上了漆。

不料，周总理一回来就发现了这些变化，他站在门口生气地责问："为什么这样铺张！谁叫你添置这些东西的？"

周总理教导秘书说："我身为总理，带一个好头，影响一大片；带一个坏头，也影响一大片……你们花那么多钱，把我的房子搞得那么好……这样一级学一级发展下去怎么得了？”

☞ 案例反思：（1）看了周总理的穿衣习惯，你敢向他挑战穿衣的年限吗？

（2）你还有什么不铺张浪费的做法吗？

自我对照修炼法

（1）上体育课离开教室时，你会主动关灯吗？

（2）看见厕所的水龙头没关紧，你会主动拧紧吗？

（3）你会要求父母给你购买高档手机吗？

（4）出行时，你会选择坐出租车还是坐公交车呢？

（5）与同学聚餐结束后，剩余的食物你会打包吗？

（6）在学校，你会选择在食堂吃简餐还是叫外卖呢？

（7）你在宿舍洗衣服的过程中会随手关水龙头吗？

（8）你觉得日用品是实用价值重要还是

骐骥一跃，不能十步；驽马十驾，功在不舍。

品牌价值重要呢？

实践提升

（1）从今天起，让我们珍惜每一滴水、每一度电、每一粒米、每一张纸、每一样资源，让节约成为一种美德、一种习惯、一种智慧。

（2）从今天起，形成正确的消费观，以使用价值为上；拥有正确的节俭观，能省则省，该用则用。

经验分享

亲爱的同学，把你在修炼该习惯的过程中总结的独到经验和做法写下来，在班级中进行交流，让大家一起分享你的快乐吧。

第六篇 思想境界篇

26. 家国情怀

修炼目标

（1）了解家国情怀的深刻内涵，增强对国家的认同感、归属感、使命感。

（2）根植家国情怀，结合自身，用实际行动报效祖国。

案例分享

一首歌曲《国家》曾经唱响中国大地："家是最小国，国是千万家……有了强的国，才有富的家。"在中国人的心中，家与国是紧密相连的，家是国的基础，国是家的延伸。

那么，什么是家国情怀呢？家国情怀是一种精神境界，它从古至今都深深地扎根在中华民族的血液里，它是中国梦、强国梦，是实现中华民族的伟大复兴的关键所在；家国情怀是一种文化基因，是《大学》中提到的“修身、齐家、治国、平天下”的胸襟；家国情怀更是一种使命担当，是“少年强则国强”的呼唤，是必须把个人命运与国家、民族和社会紧紧联系在一起的情怀，也是担起自己肩膀上的那份责任，为祖国做贡献，为民族谋复兴的使命。

所以说，家国情怀呼唤着我们每个人对国家的认同感、归属感、使命感，我们要像爱惜自己的声誉一样重视国家的声誉，心系国家荣辱。只有祖国强大了，我们才能有更好的生存沃土。

新时代已经来临，同学们要将这份家国情怀深深地根植到心中，以家国天下为重，坚定理想信念，立志建功立业，努力报效祖国。同时，大家要脚踏实地，做好自己，为社会、为国家做力所能及的事，努力实现个人梦、中国梦。

有一种家国情怀是深爱祖国

在悠悠的历史长河中，中国人从来将“爱国”两个字深深地刻入骨髓。从爱国主义诗人屈原的为国投江，到文天祥的“人生自古谁无死，留取丹心照汗青”的英勇赴死；从范仲淹的“先天下之忧而忧，后天下之乐而乐”的为民情怀，到陆游的“位卑不敢忘国忧”的忧国情怀。这些都体现了中华儿女的爱国情怀。

在中国历史上，提到中华人民共和国的发展，就不得不提这位科学家，他就是“中国航天之父”“中国导弹之父”“火箭之王”——钱学森。科学无国界，但科学家有祖国。钱学森能取得卓越的科学成就，与他对祖国的那份热爱分不开的。可以说，爱国主义这条主线贯穿了钱学森的传奇一生。

在北京师范大学附属中学就读时，钱学森第一次看到了火车，就立志要振兴中华。1929 年，他以第三名的优异成绩考入上海交通大学，就读机械工程系的铁道机械工程专业。

后来，他前往美国留学，凭着刻苦钻研的精神，在航空工程理论领域取得了一系列的研究成果，不仅顺利地通过了博士论文答辩，还迅速成长为世界著名的空气动力学家。

钱学森曾经说过：“我从 1935 年去美国，到 1955 年回国，在美国待了 20 年。20 年中，前三四年是学习，后十几年是工作，所有这一切都是在做准备，为了回到祖国后能为人民做点事。”

1949 年春，钱学森在这一年成为美国加州理工学院终身受聘的“戈达德教授”，并担任古根海姆喷气推进研究中心主任。当时钱学森的年薪大约为 1.2 万美元，这在 20 世纪 50—60 年代的美国都属于“高工资”。他们一家的生活，在当时一般美国人的眼里是优越的，就是在美国科学界也是富足的。然而，钱学森根本就没有准备长期在美国生活。当祖国呼唤他时，他毅然决然，冲破罗网，回归祖国。

归国的日子里，他艰苦奋斗，为中国的航天事业呕心沥血。1956 年，他受命组建中国第一个导弹火箭研究机构——国防部第五研究院，并担任首任院长。他主持完成了“喷气和火箭技术的建立”规划，参与了近程导弹、中近程导弹和中国第一颗人造地球卫星的研制，直接领导了用中近程导弹运载原子弹“两弹结合”试验，参与制定了中国第一个星际航空的发展规划，发展建立了工程控制论和系统学，等等。

钱学森曾说：“我作为一名科技工作者，活着的目的就是为人民服务。”他怀着对祖国和人民的无限热爱与忠诚，自觉把个人理想与祖国的命运紧紧联系在一起，把个人志向与国防科技的振兴紧紧联系在一起，用自己的全部知识和聪明才智，为祖国服务，为人民服务，为国防现代化服务。5 年归国路，10 年两弹成。赤诚的爱国之心赋予钱学森非凡的勇气和无穷的力量，使他在面对美国政府的百般刁难时坚贞不屈、英勇抗争，在面对众多的航天技术难题时不畏艰辛、开拓进取。

在钱学森长达 98 年的人生画卷中，到处洋溢着热爱祖国、心系人民的赤子情怀。

☞ 案例反思：（1）钱学森的家国情怀体现在哪些地方？

（2）为了祖国，他是如何做的呢？

根植家国情怀，做新时代的奋进者

2017 年 10 月，在第四十四届世界技能大赛颁奖典礼上，一名穿着黄色上衣和白色长裤、手举五星红旗的 19 岁小伙子，从世界技能组织主席西蒙·巴特利手中接过大赛最高奖——“阿尔伯特·维达尔奖”，面向观众激动地连声呼喊：“中国！中国！中国！”

这位年轻的小伙子名叫宋彪，是江苏省常州技师学院机械工程系模具制造专业的一名学生。

“工业机械装调项目涵盖了钳工、焊工、车工、铣工、工业装配等多项技能，需要十八般武艺集中在一个人身上。”宋彪的教练杭明峰说。一年多的备赛时间里，他每天布置给宋彪的训练量在 8～10 小时，而宋彪还给自己增加了 2 小时，夏天更是耐住了 40 ℃的高温在车间里坚持训练。

成功的背后、圆梦的背后，是他对梦想的坚持，是他为国争光的决心，他将个人梦紧紧地跟中国梦联系在一起。所以，在得奖的那一瞬间，他激动地连声呼喊着“中国”。这呼喊表明了他对祖国爱的深沉，表明了中职生为国争光的勇气。他喊出了“少年强则国强”的决心，他书写了不负伟大时代的青春华章。

☞ 案例反思：(1) 宋彪是如何为国争光的？他的成功，与家国情怀有关系吗？

(2) 作为中职生的你，会如何立足自身，为国争光呢？

百倍其功，终必有成。

自我对照修炼法

（1）升旗仪式上，面对国旗，你能响亮地唱国歌，并且行注目礼吗？

（2）你能坚决不做有辱国家、国旗、国徽、国家领导人的行为吗？

（3）你会维护国家声誉，与有损国家利益和声誉的势力做斗争吗？

（4）你能坚决不传播社会、国家的负面消息吗？

（5）走出国门，你能坚决不做有损中国形象的事吗？

（6）你能为“中华之崛起而读书”吗？

（7）你会向身边的人、国际友人宣传中国的优秀传统文化吗？

（8）你会在社会上做义工，服务他人，奉献社会吗？

（9）你会努力学习专业技能，将来成为国之栋梁吗？

（10）你会关心国家大事吗？

（11）你会支持国货吗？

实践提升

（1）从今天起，努力学习文化知识，提升个人修养与内涵；努力学习专业技能，做专业过硬的中职生，做时代的奋进者，为中国梦而奋斗。

（2）了解中国悠久的灿烂文化、艰苦奋斗的革命史；学习优秀的传统文化精髓，弘扬爱国奋斗的精神，根植家国情怀，将爱国从口号落实到自己的行为习惯中。

经验分享

亲爱的同学，把你在修炼该习惯的过程中总结的独到经验和做法写下来，在班级中进行交流，让大家一起分享你的快乐吧。

一寸光阴一寸金，寸金难买寸光阴。

27. 遵纪守法

修炼目标

（1）加强对法律知识的认识，增强法律意识。

（2）培养学法、懂法、守法的好习惯，增强道德意识，自觉地遵纪守法。

案例分享

不以规矩，不成方圆。

——孟子

家有常业，虽饥不饿；国有常法，虽危不亡。

——韩非子

法律就是秩序，有好的法律才有好的秩序。

——亚里士多德

一个国家的法律当然是这个国家文化价值最坚固的保障体系。法律就是一定的规则，它告诉我们，什么事该做，什么事不该做。从小知法、守法，对中职生来说非常重要。

加强青少年法律意识的培养，是贯彻依

一年之计在于春，一日之计在于晨。

法治国方略的一项重要的基础性工作，也是培养合格建设者和接班人的战略任务。

学校是教书育人的阵地，也是青少年健康成长的摇篮，学校坚持开展法制宣传教育，是青少年健康成长的重要一环。

无论做什么事都要有规矩，否则就什么也做不成。对国家和社会来说，这个规矩就是法律；对学校来说，这个规矩就是纪律。

曹操自刑

历史上有很多著名的政治家和军事家，他们为了维护秩序，维持内部的团结，都非常注重纪律，并能够做到带头遵守。我们熟悉的三国时期著名的军事家曹操就是一个典型的例子。

有一次曹操出征，路过一片很大的麦田，他下令："任何人不得践踏麦田，违令者斩！"命令一下，人人都紧张起来，也十分小心。偏偏这个时候，曹操的马受惊了，飞奔到麦田，官兵见状，都站在田埂和路边看着。曹操见到这样的情景便立刻勒回了马，并把行军主簿叫到马前，命其对自己定罪。主簿言引《春秋》说："罚不加于尊。"大意是要么这件事就算了吧。曹操却说：

“我自己下的命令，自己带头去破坏它，怎么让三军执行？但我是全军之主，也不好自杀，只有处于刑法了。”说着，他拔出宝剑，割下胡子，古人是不割须、不理发的，这是当时的一种刑法。曹操自刑，全军震动。从此以后，曹操的威望就更高了，曹军的纪律也更严明了。

☞ 案例反思：（1）为什么曹军的纪律更加严明了？

（2）如果你是曹操，你会怎么做？为什么？

不要以为我是总理

周总理十分遵守国家法律法规，从不认为自己是国家总理就可以置身法纪之外，他总是时时刻刻地带头遵纪守法。

有一次，他乘车去开会，司机不小心违反了交通规则，由于交警批评司机的时间很长，耽误了开会的时间。同车的干部见状想去和民警交涉，周总理却严厉地制止道：“这怎么行？交通规则是政府颁布的，政府总理应带头遵守。总理不遵守，就是带头破坏制度。”一直等到警察放行，周总理一行才离开那里。

书山有路勤为径，学海无涯苦作舟。

此后，周总理常常叮嘱司机，不能违反交通规则，并告诫他说：“不要以为我是总理，就可以特殊，可以违章。”

☞ 案例反思：（1）你怎么看待周总理的做法？

（2）如果你是曹操，你会怎么做呢？

自我对照修炼法

（1）“宪法”一词你理解吗？

（2）你认为法律在日常生活中的作用大吗？

（3）有人觉得宪法可有可无，你认为对吗？

（4）您认为遵守纪律和遵守法律是怎样的关系呢？

（5）你认为建立宪法博物馆和实施宪法之间是否有关系呢？

（6）当你看到侵犯人权的电视节目，你会有什么感想？

（7）你能做到遵守交通法规，过马路走人行横道，不乱穿马路吗？

（8）你知道《中华人民共和国未成年人保护法》和《中华人民共和国预防未成年人犯罪法》吗？

最具挑战性的挑战莫过于提升自我。

（9）你知道哪些行为属于妨碍公共安全的行为吗？

（10）你知道《中华人民共和国刑法》规定年满多少周岁应当负刑事责任吗？

（11）你知道什么样的行为属于正当防卫吗？

实践提升

（1）寻访身边的“秩序”，并做好每周的寻访记录，增强规则意识。

（2）学习关于青少年遵纪守法的资料，并进行总结归纳。在你以后的人生道路上能知法、懂法，做遵纪守法的好学生。

经验分享

亲爱的同学，把你在修炼该习惯的过程中总结的独到经验和做法写下来，在班级中进行交流，让大家一起分享你的快乐吧。

______

______

______

28. 热心公益

修炼目标

(1) 养成热心公益的好习惯，让公益在自己的行为习惯中扎根。

(2) 养成参与社会公益活动的好习惯，做有爱心、有责任心的青年。

案例分享

聪明人都明白这样一个道理，帮助自己的唯一方法就是帮助别人。

——埃·哈伯德

只有当你给你的朋友以某种帮助时，你的精神才能变得丰富起来。

——苏霍姆林斯基

公益教育正是引导学生通过参与公益实践活动，满足自己不同层次的需要，从而获得幸福。同时，也要关注他人和社会的需要，这样获得的幸福才是最高境界的幸福。两千多年前的孔子曾说，人的成长要经历三个教育阶段。第一阶段是“入则孝，出则悌”，这个层面是家庭教育；第二阶段是锲而舍之，朽木不折；锲而不舍，金石可镂。

“谨而信，泛爱众，而亲仁”，即言语谨慎，泛爱大众，心中怀有仁义道德，这个层面是社会教育；第三阶段是“行有余力，则以学文”，这个层面是自我教育。孔子说的这三个阶段，应该算我国最早的公益教育的典范了。

教育部印发的《中小学综合实践活动课程指导纲要》（教材〔2017〕4号）中，将社会服务列为综合实践活动的主要方式，要求学生通过公益活动、志愿服务、勤工俭学等方式，以自己的劳动满足社会组织或他人的需要。

赠人玫瑰，手有余香。要乐于帮助别人，做一名懂得用爱去温暖别人的文明学生。做公益并不难，一件红色的马甲、一个温暖的拥抱……或许就是公益之路的开始。参加公益的过程中，接受的不仅仅是知识教育，还是文化教育。公益让教育更加美好！

范仲淹捐宅兴学

王鏊写的《姑苏志》记载了北宋杰出思想家、政治家、文学家范仲淹捐地办学的故事。

1035年，担任苏州知州的范仲淹在卧龙街买了一块地，打算建宅院。当时有位风水先生对他说：“卧龙街是块风水宝地，在这里修建宅院，必定子孙兴旺，卿相不断，有享不尽的荣华富贵。”

范仲淹听后却说：“与其让我范家一个家族荣华富贵，不如让这里多出人才，让大家一起享受荣华富贵。”随后，他便把这块地捐了出去，修建了苏州文庙。不仅如此，他还请来大教育家胡瑗来此教学，培养人才。苏州文庙理所当然地成为书声琅琅的“公立学校”。明清时，苏州文庙被誉为“江南学府之冠”。

范仲淹捐地办学后，苏州文脉流转，崇文尚德，先后出了38名文状元，成为名副其实的“状元之府”。后来，苏州又出了100多名院士，成为著名的“院士之乡”。

如今苏州文庙历经了近千年的风风雨雨，至今依然保存完好，被列为国家重点文物保护单位。

范仲淹捐宅兴学的举动在当时影响极大，以至当地富户纷纷效仿。据说，“吴学”日后的兴盛皆得益于此，并有了“苏学天下第一”的说法。

☞ 案例反思：（1）范仲淹捐宅兴学的故事说明了什么道理？

路漫漫其修远兮，吾将上下而求索。

（2）如果你是范仲淹，你会怎么做呢？

三散千金的文财神——范蠡

范蠡是春秋战国时期著名的政治家、谋略家。在有关范蠡的故事里，他的名字似乎多是与其辅佐越王勾践卧薪尝胆 10 多年，并最终打败吴王夫差的政治、军事活动联系在一起的。然而，历史上的范蠡还是一位非常富有并广行善举的慈善家。

据《史记》记载，范蠡在帮助越王勾践一雪会稽之耻、灭掉吴国之后，便辞官引退，游走各国。范蠡颇具经商才干，他在行至齐国之后，便以鸱夷子皮为化名从事商业买卖。很快，范蠡就积累下千金家财，成了齐国的首富。齐王得知范蠡的才能，便拜他为相。然而，手执相印的范蠡却想到了更多生活于贫困之中的百姓。于是，他将财富全部接济给穷人，辞去了相职，重新以布衣之身前往陶地。陶地位于齐、宋、卫国的交界处，范蠡认为这里是天下的中心，交通便利，在此贸易必可致富。于是，他又化名陶朱公，重新开始经商。果然，不久后他便大获其利，家产再次累至千金。但是他发现，陶地同样有许多人贫苦不堪。于是，范蠡又宝剑锋从磨砺出，梅花香自苦寒来。

一次将千金散尽，资助穷人。据说，范蠡在19年的从商经历中曾“三散千金”。他的才干使他几乎每到一地都能富甲一方，然而对天下穷人的悲悯又让范蠡每一次都将千金家财倾囊赠出。在布施财富之余，范蠡还不忘传授人们经商获利的方法，希望借此为穷人找到致富的门路。

尽管史家已在典籍中将范蠡赞为“富好行其德者”——一个与人们通常印象中“为富者必不仁”截然相反的评价，后世百姓还是以独特的方式在民间纪念着慈善家范蠡。在范蠡身后，人们已将他奉为文财神，以此企盼哪一天他也将财富和经商智慧散至自己的家门。

☞ 案例反思：(1) 读了这个故事，你有什么看法？

(2) 你怎么看待范蠡接济穷人的做法？

自我对照修炼法

(1) 对你而言，爱心公益最重要的意义是什么？

(2) 你对践行公益的认识是怎样的呢？

(3) 你最近有向慈善组织捐款、捐物吗？

勿以恶小而为之，勿以善小而不为。

(4) 如果有陌生人向你寻求帮助（如问路、搭把手），你会怎么做?

(5) 你参加过献血活动吗?

(6) 你认为一名志愿者需要具备哪些素质?

(7) 你身边的人对你参加公益活动是什么看法?

(8) 公益事业的发展离不开公益机构，你对所在城市的公益机构了解吗?

实践提升

(1) 从今天起，让我们持之以恒，付诸行动，参加社会公益活动。

(2) 热爱公益，积极主动地参与公益活动，成为一位热爱公益的中职生。

经验分享

亲爱的同学，把你在修炼该习惯的过程中总结的独到经验和做法写下来，在班级中进行交流，让大家一起分享你的快乐吧。

老吾老，以及人之老；幼吾幼，以及人之幼。

29. 珍爱生命

修炼目标

（1）珍爱生命，健康生活，正确面对困难和挫折。

（2）珍惜时间，完善自己，实现生命的价值。

案例分享

生命是什么？生命是李白的“长风破浪会有时，直挂云帆济沧海”的积极向上；生命是毕淑敏的“生命有裂缝，阳光才照得进来”的乐观明朗；生命还是汪国真的“什么也改变不了我对生活的热爱，我微笑着走向火热的生活”的满腔热情。生命若是一个多位数字里最高位上的“1”，其他精神财富和物质财富就是其他位上的“0”。你只有拥有生命的这个“1”，其他的“0”才会有意义。

世间万物，生命最珍贵。胡歌是一名优秀的男演员，经历了从车祸毁容到现在的涅槃重生。他感慨人生的很多经历就是一个个轮回，正是因为这些经历，才会让生命绽放出精彩。胡歌的经历告诉我们在挫折与不幸面前，我们要珍爱生命，用积极的态度来回应它，人生才会越来越美好。

珍爱自己的生命。我们要健康生活，惜时进取。一是要热爱运动，因为健康的体魄是一切的前提；二是要珍惜良好的学习氛围、和睦的同学关系、良好的班风与学风，这些是取得优异成绩的重要保障；三是要远离诱惑，努力提升个人修养，保持一颗高尚的心。

珍爱家人的生命。我们要关爱互守，用心陪伴。深夜与母亲的促膝长谈，这是陪伴；父亲悄悄准备的一盘水果，这是关怀。母亲下班时的一句“妈妈，辛苦了”；父亲精心准备佳肴时的一句“真香，谢谢”。这些都是对家人的尊重与关爱。

珍爱陌生人的生命。我们要牢记历史，勇挑重担。在抗击新型冠状病毒肺炎疫情的过程中，白衣天使，与病毒搏斗，以身殉职；基层干部，与疫情防控赛跑，倒在了抗“疫”的路上。我们要接下他们手中的接力棒，将大爱散播开去！珍爱陌生人的生命，这是我们义不容辞的责任。

对于生命，席慕蓉说：“每一朵花，只

能开一次，只能享受一个季节的热烈的或者温柔的生命。我们又何尝不一样？我们只能来一次，只能有一个名字。而你，你要怎样度过你这一生呢？你要怎样写好你的名字呢？”

挑战命运的勇士

亲爱的同学们，你听说过霍金吗？你读过霍金的故事吗？说起霍金，大家都称他是科学界的神话、挑战命运的勇士。

霍金于2018年3月14日去世，享年76岁。早在1963年，21岁的霍金被确诊患上了肌萎缩侧索硬化症，俗称“渐冻症”。当时大夫预言他只能再活2年。然而，这位被医生预言活不过2年的天才，带着病躯又顽强地活了半个世纪。

20世纪60年代后期，霍金的身体状况开始恶化，就连走路都要借助拐杖。同时，他还逐渐失去了写字能力，于是便在自己的脑海里形成各种不同的心智图案与心智方程，借助这些心智元素来思考物理问题。

20世纪70年代后期，霍金的言语功能逐渐衰退，只有家人和密友能听懂他的话。

1985年，霍金感染严重肺炎，并接受

了气管切开术，从此完全丧失了说话能力。被禁锢在轮椅上的霍金，只有两只眼睛和三根手指可以活动，他的身体因为疾病变形得非常严重。在往后的日子里，霍金的健康仍在恶化。就是在这样的情况下，他完成了《时间简史》等著作，给科学界留下了宝贵的财富。

面对绝症，霍金从未低头，也不愿接受任何帮助。他喜欢被大家视为正常人，因为他和正常人一样拥有梦想，甚至比正常人更珍爱生命。

☞ 案例反思：(1) 面对绝症，你觉得是什么让霍金没有屈服于命运？

(2) 和霍金相比，我们作为正常人，怎样做才称得上珍爱生命？

敬畏生命的中国机长

2018 年 5 月 14 日，四川航空公司 3U8633 航班从重庆至拉萨的飞行途中，驾驶舱风挡玻璃在万米高空突然爆裂脱落，情况紧急，机长刘传健临危不乱，带领全体机组成员正确处理险情，挽救了包括全体机组成员在内的 128 人的生命。

风挡玻璃爆裂，驾驶舱内空气稀薄，零

下 40 ℃的气温，800 km/h 的气流，耳朵的短暂失聪，驾驶舱内的仪表盘失灵……面对如此恶劣的险情，机长刘传健是如何像一名战士一样投入战斗的呢？答案就是对生命的敬畏与珍爱。

险情发生得太过突然，副机长徐瑞辰瞬间半个身子挂在机舱外。飞机急速向下俯冲并剧烈地抖动着，驾驶舱门爆开，氧气罩掉落，现场像灾难片一样混乱。“控制住飞机状态！”刘传健命令自己，并用左手握紧驾驶杆操控飞机。飞机终于停止了下坠，重新从深渊里探出头来，恢复了稳定的姿态。

接下来，刘传健要做的就是尽快降低飞机的飞行高度，不然机上所有人员都会被冻僵甚至窒息，128 条生命将万劫不复。

但如果飞机降落得太慢，可能机上所有人员都无法挺过严寒；如果飞机降落得过快，机身又无法承受过大的冲击力。刘传健目视前方，终于眼前出现了跑道，飞机持续减速，最终稳稳地停在了地面。

驾驶舱内则一片沉默，没有人开口说话。3 分钟后，刘传健打破了沉默，他说：“我们成功了，我们还活着。”这就是我们的中国机长，凭借着对生命的敬畏与珍爱，拯救了机上128人的生命。

☞ 案例反思：（1）遇到突发事件，为什么刘传健能做到临危不乱、正确处理呢？

（2）珍爱生命，既要爱自己，也要爱他人。从刘传健的身上，我们学到了什么？

自我对照修炼法

（1）在学习上遇到挫折，你会怎样做？是彻底放弃还是努力一搏？

（2）课间活动时，你会关注课间安全吗？你能做到不打闹、不攀高、不追逐嬉戏吗？

（3）实训课上，你能严格服从教师指挥，严守操作规程吗？

（4）你能做到遵守交通规则和交通秩序吗？

（5）生活中，你能做到卫生饮食，不吃路边摊吗？

（6）你具备自我防范意识，注意公共场所的人身和财产安全吗？

（7）你有学会简易的防护自救方法吗？

（8）你成长的背后是家长的付出，你有对他们表示感恩吗？

（9）“珍爱生命，从我做起”，你平时会怎样做呢？

（10）你懂得哪些紧急情况下的求生知识？

（11）作为一名中职生，你会如何实现人生的价值，追求生命的意义？

实践提升

（1）从今天起，珍爱生命，感恩生活，用热情创造每一个明天，用微笑面对每一次挫折，做一个自信阳光的中职生。

（2）人的生命只有一次，因此它就越发显得弥足珍贵。我们要认真对待每一次消防演练、每一次安全讲座，多关注生活中的急救求生知识。

经验分享

亲爱的同学，把你在修炼该习惯的过程中总结的独到经验和做法写下来，在班级中进行交流，让大家一起分享你的快乐吧。

伟大的思想能变成巨大的财富。

30. 尊重自然

修炼目标

（1）了解尊重自然的重要性，懂得保护自然就是保护自己的道理。

（2）掌握基本的防疫措施。

（3）树立爱护自然、保护动物、尊重生命的观念。

案例分享

党的十九大报告指出：人与自然是生命共同体，人类必须尊重自然、顺应自然、保护自然。人类只有遵循自然规律才能有效防止在开发利用自然的道路上走弯路，人类对大自然的伤害最终会伤及人类自身，这是无法抗拒的规律。

日渐频发的自然灾害不仅给我们造成巨大的经济损失和重大的人身伤害，也提醒着我们，一味地对自然界无限制地索取，以无限制损耗自然资源为代价的发展是盲目的、错误的。如果人不能及时地改变方向，必将招致严重的后果。或许我们能做的，就是在今后的生活中改变对自然的态度，用实际行动建设人与自然和谐共生的环境，还自然以宁静、和谐、美丽，这才是世间最美的景象。梭罗曾说："只有人同自然有某种温柔的关系，生活才是名副其实的生活。"因此，我们要尊重自然，与自然和谐共生。同样，大自然也会回报我们以歌。

尊重自然。"尊"是内心对自然的虔诚，"重"是心灵深处对自然的震颤。作为一名中职生，要做到尊敬自然，与自然和谐相处。

捣毁铁轨的野象

野象与铁路，很多人以为两者是风马牛不相及的事物，但在自然界中竟神奇地出现在同一个故事里。美丽的斯里兰卡有一片热带森林，森林里生活着很多野生动物。随着人类文明的发展，人们逐渐走进这片美丽的森林，开始在森林里修建铁路。有一天，一群野象在铁轨附近悠闲地散步，一头在铁轨上玩耍的小野象被呼啸而过的火车撞倒在铁轨上。目睹了小野象车祸现场的象群愤怒了，它们开始向铁轨报仇，并用长而坚固的象牙去撬动铁轨。很快，铁轨就七零八落地散成一堆。

铁路被毁的第二天，工人在警察的保护

科学如同大海，要求奋不顾身地拼搏。

下开始抢修铁轨，但修到离象群较近路段时，象群就像发了疯似的冲向人群，很快又把刚修好的铁轨捣毁了。

第三天，斯里兰卡政府派出了两个排的军队，士兵们严阵以待，想用“空炮弹”来吓唬捣毁铁路的象群。然而，这个办法毫无效果，象群在武器面前大义凛然、无所畏惧。最后，斯里兰卡政府改变策略：停止“人象大战”，尊重象群及森林里的其他野生动物，将铁路改道，绕过小野象车祸现场，并且为森林里的野生动物们修建了专门的动物通道。“人象大战”最终以人类的妥协而告终。

通过这个故事，我们明白了人类不是自然的主宰者，我们要做的是成为自然的维护者。只有当我们用平等的眼光去看待自然，给予它们尊重和爱护，世界才会变得更加美好。

☞ 案例反思：(1) 故事中的象群为什么会三番两次地捣毁铁轨？

(2) 你赞同斯里兰卡政府的决定吗？为什么？

大自然的报复

2002 年 12 月初，在深圳务工的黄某因科学的种子，是为了人民的收获而生长的。

轻微感冒去诊所就诊，医生诊断其为感冒。结果没几日，他的病情急剧加重，出现了呼吸不畅等症状，黄某被立即送往广州军区广州总医院（现称“中国人民解放军南部战区总医院”）。这是世界上首例 SARS 病毒感染者。这个病毒的中文名字是严重急性呼吸综合征，又称传染性非典型肺炎（以下简称“非典”）。在黄某之后，广州军区广州总医院陆续又发现了几例相似症状的病例，医护人员也被感染。2003 年 3 月 6 日，北京市接报第一例输入性非典病例。

2003 年 3 月 10 日，研究人员发现该病毒具有很强的传染性，这个结论一出，一时间人心惶惶。2003 年 3 月 15 日，世界卫生组织正式将该病毒命名为 SARS 病毒。2003 年 3 月底，SARS 病毒开始在世界范围内快速传播。

当时国内还出现了板蓝根和白醋的抢购狂潮，但是这并没有影响到非典的蔓延。医院人满为患，北京市快速建立了小汤山医院，收容非典患者。北京封城，全国停工，学校停课。全球累计非典感染人数达 8 422 例，死亡 919 例，众多家庭支离破碎，事后追究该病毒的感染源头，竟是海鲜市场售卖的野生动物。

2020年年初，和非典相似的新型冠状病毒肺炎疫情开始在全球蔓延，带来了比非典更严重的后果。疫情的出现，告诉了我们一个道理：热爱自然，尊重自然，保护自然，其实就是在保护我们自己。如果人类再肆意破坏环境，地球还会有更多的灾难降临。我们只有一个地球，她是人类赖以生存的唯一家园，好好关爱她吧。

☞ 案例反思：（1）“人定胜天”和“天人合一”，你支持哪一种观点，为什么？

（2）你生活的城市，政府有哪些尊重自然、善待自然的措施？

自我对照修炼法

（1）你能做到爱护小动物吗？

（2）你能做到爱护一花一草，不随意践踏草坪吗？

（3）你看到路边的流浪猫、流浪狗会怎么做？

（4）生活中，你能做到节约用水吗？

（5）就餐时，你能做到光盘行动吗？

（6）生活中，你能做到少用或不用一次

科学是永无止境的，它是一个永恒之谜。

性塑料袋、一次性筷子等用品吗？

（7）生活中，你能做到垃圾分类吗？

（8）你所在的学校有开展过尊重自然的主题班会、讲座吗？

（9）作为一名中职生，你觉得怎样才能做到尊重自然、亲近自然？

实践提升

（1）作为一名中职生，我们要从身边的事情做起，从少使用一次性筷子、不食用野生动物、爱护一草一木等小事做起，做到尊重自然。

（2）让我们拥有一颗感恩的心，学会尊重自然、善待自然，培养积极向上的人生观、价值观、世界观，做一个有爱心的阳光少年。

经验分享

亲爱的同学，把你在修炼该习惯的过程中总结的独到经验和做法写下来，在班级中进行交流，让大家一起分享你的快乐吧。